Jean **Graciet**, Dr Luc **Bodin**,
Nathalie **Bodin**

Préface de Maria-Elisa **Hurtado-Graciet**

Le grand livre de Ho'oponopono

Sagesse hawaïenne de guérison

jouvence
EDITIONS

Extraits du catalogue

Ouvrages de Maria-Elisa Hurtado-Graciet et du Dr Luc Bodin :

Ho'oponopono, 2011

L'EFT, 2011

Ouvrage du Dr Luc Bodin :

Bloc-notes santé : Mes petits auto-massages, 2012

Ouvrages de la même collection

Psychologie positive : le bonheur dans tous ses états,
Christophe André, Thomas d'Ansembourg, Isabelle Filliozat,
Éric Lambin, Jacques Lecomte, Matthieu Ricard
Coordonné par Ilios Kotsou et Caroline Lesire, 2011

Les 12 attitudes-clés des gens heureux, Yvon Delvoye, 2010

L'art du désencombrement, Alice Le Guiffant et Laurence Paré, 2009

La nature, source spirituelle, Philippe Roch, 2009

Catalogue gratuit sur simple demande

Éditions Jouvence

France : BP90107 – 74161 Saint-Julien-en-Genevois Cedex

Suisse : CP 89 –1226 Thônex (Genève)

Site Internet : www.editions-jouvence.com

Mail : info@editions-jouvence.com

ISBN 978-2-88353-780-4

Illustrations de Jean Augagneur

Maquette couverture : Marianne Tardy, éditions Jouvence
Réalisation : Fabienne Vaslet

Sommaire

Préface

Lorsque mon ami Luc me demanda d'écrire la préface de ce livre, le soir même, je pris au hasard un livre dans ma bibliothèque et l'ouvris distraitement. Je découvris à l'intérieur une feuille de papier pliée en deux sur laquelle j'avais écrit ces quelques lignes : « *À mon avis, il doit y avoir au fond de tout cela… une notion tout à fait simple. Et pour moi, cette notion, quand nous la découvrirons finalement, sera si irrésistible, si belle, que nous nous dirons "Oh ! Comment aurait-il pu en être autrement !"* » (John Wheeler, physicien, citation extraite d'un documentaire télévisé intitulé *The Creation of the Universe*).

Un silence me chuchota que ces phrases étaient un petit clin d'œil de la vie me rappelant l'essentiel.

C'est ainsi que les vérités viennent à nous. Toujours simples, elles ne s'expliquent pas et n'ont pas besoin de grands discours.

Voilà comment Ho'oponopono est arrivé dans ma vie. Mon cœur a reconnu quelque chose qu'il savait déjà, car nos cœurs savent reconnaître les vérités.

Seulement, nous avons une espèce de voile qui nous empêche de voir et d'exprimer notre véritable nature. Pour Ho'oponopono, ce voile est fait de mémoires. Afin de le clarifier et de le dissoudre, nous avons une seule chose à faire : *« nettoyer, nettoyer, nettoyer »*.

J'ai compris avec le temps que « nettoyer » se fait en trois étapes : il faut d'abord ouvrir son cœur, pour ensuite accueillir avec amour « ce qui est », et enfin le lâcher, cesser de s'accrocher et le confier au « Divin » qui est en nous.

Dans ce livre, mes amis Nathalie et Luc Bodin et mon mari Jean partagent avec vous leur expérience et leur propre conception de Ho'oponopono, vous donnant ainsi l'opportunité d'aller plus loin dans la compréhension de cette façon d'être dans le monde.

C'est par la pratique que vous allez l'intégrer et découvrir la vôtre qui vous sera propre, celle que votre cœur va vous confier.

Ouvrez vos cœurs et rappelez-vous : « *On ne voit bien qu'avec le cœur, l'essentiel est invisible pour les yeux* » (Antoine de Saint-Exupéry, *Le Petit Prince).*

Je remercie la vie de cette opportunité qu'elle me donne aujourd'hui de nettoyer ce « voile » qui me maintient dans « l'illusion de la séparation ».

Je m'adresse à l'« Être unique » que « Je suis », à la « Terre mère » et à vous, lecteur, et je sais que ma première erreur est de croire que je suis séparée du « Tout » et imparfaite. Je demande à mon âme ou à mon « Moi supérieur » de m'aider à nettoyer toutes les mémoires qui me font croire cela.

« *Désolée, pardon, merci, je t'aime.* »

Maria-Elisa Hurtado-Graciet
Co-auteur de *Ho'oponopono,*
le secret des guérisseurs hawaïens

HO'OPONOPONO, MODE D'EMPLOI

La formule Ho'oponopono

« Désolé, pardon, merci, je t'aime. »

Que veulent dire ces mots ?

« Désolé » : c'est reconnaître sa création.

« Pardon » : parce que je ne savais pas que j'avais cela en moi.

« Merci » : de me permettre de nettoyer cette mémoire.

« Je t'aime » : toi, ma Divinité intérieure – on pourrait dire : « Je m'aime ».

Quand dire cette formule ?

Lorsque vous vous trouvez face à un conflit, une réaction violente, un accident, un traumatisme, tout ce qui fait surgir en vous une émotion forte et négative.

Comment la dire ?

À voix haute ou à voix basse, à l'intérieur de vous.

À qui vous adressez-vous lorsque vous dites cette phrase ?

À vous-même, à votre Divinité intérieure, à vos protecteurs, à l'Univers, à Dieu.

Pouvez-vous faire du préventif ?

Vous pouvez dire la formule : « Désolé, pardon, merci, je t'aime » même lorsque vous ne ressentez pas de conflit particulier. Cela permet d'effacer les mémoires qui ont surgi à votre insu. Certains récitent la formule comme un mantra pendant une marche, une course à pied ou une balade à vélo.

Pouvez-vous la dire pendant un événement heureux ?

Oui, vous avez à votre disposition un outil qui vous permet de mettre votre ego au repos et de vivre la joie pleinement, en toute humilité.

Pouvez-vous faire Ho'oponopono devant la télé ?

Vous pouvez faire Ho'oponopono devant tout ce qui réveille en vous des émotions négatives, cela peut être devant Internet, au téléphone ou en écoutant la radio.

Faut-il dire chaque mot de la formule ?

Quand vous commencez à pratiquer Ho'oponopono, prenez le temps de dire la formule dans son intégralité jusqu'à ce que vous intégriez la sensation de chaque mot. Ensuite : « Merci, je t'aime » peut suffire.

Que se passe-t-il ensuite ?

Le calme arrive. Vous êtes sans attente sur ce qui va arriver, car Ho'oponopono, c'est d'abord obtenir la paix intérieure.

Chapitre 1
Ho'oponopono
Des origines à la pratique d'aujourd'hui

Jean Graciet

Entrer dans le processus Ho'oponopono est somme toute assez simple. Si quelque chose vous dérange, un petit ennui du quotidien comme un événement beaucoup plus grave, il vous suffit de répéter les quatre petites phrases, qui ne sont en fait que quelques mots. Ces phrases sont : « *Désolé, pardon, merci, je t'aime.* » Et, à partir de ces quatre phrases répétées plusieurs fois pendant un certain temps, quelque chose se passe, parfois un miracle peut se produire. Rien ne semble plus simple, en effet, et cela paraît être à la portée de tous. À présent, nous allons voir que Ho'oponopono n'est, en fait, pas si facile qu'il y paraît à intégrer et à pratiquer.

Définition et historique de Ho'oponopono

Ho'oponopono est une philosophie, un état d'esprit, et adhérer à ce processus demande d'intégrer certaines idées, certaines notions bien différentes de celles auxquelles nos traditions judéo-chrétiennes nous ont habitués. Avec Ho'oponopono, nous abordons une autre manière de voir les choses qui nous amène à poser un regard tout à fait différent, voire opposé, sur la vie, sur les autres et sur soi-même. C'est en cela que la pratique de Ho'oponopono devient beaucoup moins simple et, qu'en réalité, il est nécessaire pour chacun d'effectuer un grand changement au niveau de ses croyances et de ses valeurs.

Ho'oponopono est issu d'une tradition ancestrale hawaïenne qui veut dire : « *Rendre droit, harmoniser, corriger ce qui est erroné, remettre en ordre.* » Dès que des différends entre des personnes ou des problèmes relationnels apparaissaient au sein d'une communauté, on se réunissait en présence de tous les protagonistes et, sous la guidance d'un prêtre, on s'accordait le pardon.

Ho'oponopono est un processus de repentir ou de réconciliation entre gens d'une même communauté, d'une même famille.

Morrnah Simeona

Puis est intervenue Morrnah Simeona, chamane et guérisseuse par les plantes. Elle s'est dit que le processus de Ho'oponopono pouvait se simplifier en supprimant la présence d'un guide ou d'un prêtre, et que chacun pourrait le pratiquer seul. C'est ce qu'elle a proposé en enseignant le processus Ho'oponopono que nous connaissons aujourd'hui : seul, on s'apporte à soi-même le pardon, l'amour et la paix. Il n'est plus nécessaire d'être en présence des autres, ni même d'un guide ou d'un prêtre, pour accorder le pardon, il est avant tout essentiel de se l'accorder à soi-même. Ce fait est important, car il montre à quel point le processus est adapté à l'époque que nous vivons actuellement, où chaque être est amené de plus en plus à se prendre en charge par lui-même.

Morrnah disait aussi que nous sommes alourdis par le poids de nos mémoires. L'objectif de Ho'oponopono est donc de nous libérer de ces mémoires afin qu'en nous débarrassant de ce voile, nous puissions découvrir la « Divinité » qui est en nous. Ainsi, il nous sera possible de découvrir qui nous sommes réellement, ce qui est essentiel.

Avec ce processus, les mémoires sont libérées et sont transmuées en pure énergie par la « Divinité ». C'est en quelque sorte un véritable processus alchimique, une transmutation de nos mémoires et de nos peurs en pur amour.

Pour Morrnah Simeona, « *la paix commence avec moi et avec personne d'autre* ». Morrnah a proposé des formations et le Dr Len est devenu son élève le plus connu, car c'est par lui et son extraordinaire témoignage que Ho'oponopono s'est répandu dans le monde.

Le Dr Ihaleakala Hew Len

L'histoire du Dr Len a fait le tour du monde et chacun la connaît plus ou moins : il exerçait en tant que psychologue clinicien et un jour, il se vit proposer de venir apporter son aide en tant que responsable d'une aile psychiatrique d'un pénitencier d'Hawaï. Il faut dire que, dans cet établissement, l'ambiance était lourde, détestable, et le danger si présent au quotidien que le personnel venait y travailler la peur au ventre. Les absences étaient fréquentes et les psychologues n'y restaient pas longtemps.

Malgré cela, le Dr Len accepta le poste. Il demanda à ce qu'on lui remette les dossiers de tous les patients et, avant de s'enfermer dans son bureau, il insista pour qu'on ne le dérange pas car il ne lui était pas nécessaire de voir les malades – attitude étrange pour un psychologue, mais qui fut respectée.

Les jours passèrent et, au bout de trois mois environ, on s'aperçut que, peu à peu, l'ambiance et les relations avec les malades s'étaient améliorées et on lui en fit la remarque. Puis, on l'interrogea sur ce qu'il faisait, seul, dans son bureau car son attitude continuait d'intriguer.

Le Dr Len expliqua alors qu'il nettoyait les mémoires qu'il avait en commun, ou pour être plus précis, qu'il avait partagées avec chaque patient quand son dossier apparaissait devant lui.

– Comment faites-vous ?

Il répondit : « Je dis simplement ces quatre phrases en les répétant : *"Je suis désolé, pardonne-moi, je te remercie, je t'aime."* »

> *Le Dr Len expliqua qu'il nettoyait les mémoires qu'il avait partagées avec chaque patient, en répétant simplement « Je suis désolé, pardonne-moi, je te remercie, je t'aime. »*

– Et c'est tout ?

– C'est tout.

C'est ainsi qu'il resta à ce poste pendant près de quatre ans mais au terme de ce temps, cette aile psychiatrique du pénitencier ferma ses portes. En effet, il ne restait plus de patients. Soit ils étaient totalement guéris, soit leur présence en ce lieu n'était plus nécessaire.

QUE S'ÉTAIT-IL PASSÉ ?

En parlant de tous ces gens qui avaient guéri, le Dr Len explique qu'il guérissait la partie de lui-même qui les avait créés. Il ajoute que tout dans notre vie, tout ce qui nous arrive, est de notre responsabilité. Ce qui veut dire que tout ce qui apparaît devant nos cinq sens, le monde qui nous environne... est notre création. Par conséquent, si quelque chose vous déplaît à l'extérieur de vous, vous avez la responsabilité de guérir en vous les mémoires qui ont créé cette situation.

La réalité physique est une création de vos pensées

Ce qui est à l'extérieur de vous n'est en fait qu'une projection de quelque chose qui vient de vous, qu'on pourrait appeler *croyances*, *pensées* ou *mémoires*. Voilà une notion qui va à l'encontre de l'enseignement que nous avons reçu généralement, nous, Occidentaux, où la pression de nos anciennes traditions judéo-chrétiennes est tellement omniprésente. En effet, il nous est beaucoup plus facile de reporter la responsabilité sur autrui et d'endosser le rôle de victime, c'est tellement plus confortable.

Et pourtant non ! Quoi qu'il arrive, vous n'êtes pas victime, d'ailleurs vous ne l'avez jamais été, vous êtes seulement le créateur à 100 % de tout ce qui vous arrive.

Effectivement, cela paraît difficile à accepter au premier abord. C'est pourtant la clé de tout le processus Ho'oponopono. Il est absolument nécessaire d'intégrer totalement cette idée avant d'entamer la pratique Ho'oponopono de façon efficace.

La réalité physique est une création de nos pensées, c'est-à-dire que nous sommes créateurs de tout ce qui nous arrive.

Une pensée erronée va créer une réalité erronée. Si j'ai une pensée juste, alors je crée une réalité d'harmonie et de paix. Et là, il faut réaliser que tout est à l'intérieur de soi. Rien n'est à l'extérieur.

Voilà une notion qui est souvent bien difficile à intégrer. Jusque-là, nous vivions dans l'idée que le responsable est l'autre et que les événements que nous vivons viennent, bien évidemment, de l'extérieur. Avec Ho'oponopono, le regard s'inverse. En réalité, rien ne change. Simplement, nous ne savions pas que nous avons toujours créé notre réalité de façon inconsciente.

« *Dès que quelque chose apparaît devant vous* », dit le Dr Len, « *vous pouvez vous demander ce qui se passe en vous que vous êtes en train d'expérimenter.* » Puis, il s'agit de prendre la responsabilité à 100 % de ce que vous ressentez et que vous êtes en train de créer. Ensuite, une fois que vous avez accepté cette situation – que vous avez totalement créée – alors, vous pouvez entamer le processus de nettoyage de toutes les mémoires causes de vos désagréments. Car les mémoires ne vous laissent aucun répit. Inconsciemment, elles guident votre vie et empêchent votre libre arbitre de s'exprimer.

« *Nous ne sommes pas la somme de nos mémoires, nous ne sommes pas nos mémoires car nous sommes plus que ça* », disait Morrnah Simeona.

Tout ce qui se passe dans votre vie, les événements, les rencontres, vos lieux de résidence, vos voyages, tout cela est créé par vos mémoires. Vous êtes en réalité comme téléguidé par elles. Elles vous font croire que vous êtes différent des autres et, en définitive, ce sont elles qui vous donnent l'illusion de la séparation. C'est pourquoi il est utile de vous rappeler que vous n'êtes pas vos mémoires. Cela vous amène à cette question fondamentale que s'est posée Morrnah, que se pose le Dr Len et qu'en fait, chaque être humain est en droit de se poser : « *Qui suis-je réellement ?* »

Vos mémoires vous empêchent tout simplement d'être vous-même et, en vous libérant de cet encombrant « héritage », en les ôtant patiemment l'une après l'autre comme vous le feriez avec les pelures d'un oignon, vous allez être amené à découvrir qui vous êtes réellement. Donc, tout ce qui apparaît à l'extérieur qui vous dérange, vous déstabilise, vous fait souffrir, est une mémoire. La souffrance que vous voyez chez l'autre est une mémoire qui se réactive en vous.

L'origine de tout ce qui vous arrive et qui vous affecte est une mémoire.

Ho'oponopono vous permet de nettoyer toutes vos mémoires. Mais en fait, il n'existe pas de bonnes ou de mauvaises mémoires, c'est le mental qui juge en décidant de ce qui est bien ou mal. La réalité est tout autre. Il y a juste des mémoires dont certaines vous paraissent erronées alors que d'autres vous paraissent justes. Il y a simplement des mémoires que vous devez nettoyer pour vous en libérer. Ho'oponopono vous le permet.

Les différentes parties de votre identité

Les mémoires sont emmagasinées dans le subconscient que les Hawaïens appellent *Unihipili* ou l'« Enfant intérieur ». Il est le siège des émotions et des mémoires. C'est pour cela que le processus Ho'oponopono invite à demander à l'Enfant intérieur de lâcher ses peurs et de libérer les mémoires qui ont été causes du problème ou de la situation. Car c'est dans cette partie de soi que sont stockées toutes les mémoires. L'Enfant intérieur a un grand besoin d'être rassuré et aimé, et c'est par l'amour qu'il pourra s'alléger de ce fardeau et libérer les mémoires.

Par ailleurs, le conscient, ou *Uhane*, qui veut dire « mère » pour les Hawaïens, est la partie qui représente le mental ou l'intellect, celle qui a le choix entre nettoyer les mémoires ou ne pas entamer le processus, et continuer ainsi de garder l'illusion du contrôle. Son rôle est important. Il requiert beaucoup d'humilité car en faisant le choix de nettoyer les mémoires, le mental doit lâcher les rênes. Il doit faire confiance et s'effacer devant la « Divinité ».

Enfin, le supraconscient ou l'âme, ou encore le Moi supérieur, est appelé par les Hawaïens *Aumakua* qui veut dire « père ». C'est cette partie qui est en connexion directe avec la Divinité intérieure et à qui l'on va demander de nettoyer les mémoires dès qu'elles auront été libérées par le subconscient. La demande s'adresse au Moi supérieur ou à l'âme qui, aussitôt, passe le relais à la Divinité intérieure, dont le rôle est de nettoyer et de purifier la ou les causes du problème. On peut aussi s'adresser directement à la Divinité intérieure.

Comment fait-on pour nettoyer ?

On va utiliser les quatre phrases clés du processus Ho'oponopono qui sont : « *Je suis désolé, pardonne-moi, je te remercie, je t'aime.* »

La pratique régulière du processus Ho'oponopono peut vous amener à réduire ces phrases par un simple : « *Désolé, pardon, merci, je t'aime* » ou encore par : « *Merci, je t'aime* ». Vous vous laisserez surtout guider par votre intuition et vous utiliserez les mots qui vous conviennent.

Vous dites « *Désolé* » parce que vous ne saviez pas que vous aviez cette mémoire en vous. Puis vous dites « *Pardon* » à la

Divinité, vous lui demandez de vous aider à vous pardonner à vous-même pour vous être laissé mener par ces mémoires. Vous « *remerciez* » ensuite les mémoires d'apparaître à vous en vous donnant l'opportunité de les libérer et vous remerciez aussi la Divinité pour vous aider à cette libération.

Et vous concluez par « *Je t'aime* » car seul l'amour guérit. Disant cela, vous vous adressez à vos mémoires, ainsi qu'à vous-même.

Le processus Ho'oponopono est de vous pardonner, de vous remercier et de vous envoyer de l'amour. En faisant cela, vous effacez la mémoire. Au fur et à mesure que cette souffrance disparaît en vous, elle disparaît alors chez l'autre. Quand vous dites ces mots, vous vous les adressez à vous-même, mais aussi plus spécifiquement au petit enfant qui est en vous et qui souffre.

Vous n'avez rien à faire ni à comprendre, juste à demander.

C'est ce qui fait la simplicité de Ho'oponopono. Il n'est plus nécessaire de chercher d'où vient cette mémoire ni de quel événement douloureux elle tire son origine. Cela semble difficile pour le mental, car il veut au contraire tout contrôler et tout comprendre.

Mais le mental est utile dans ce processus, et son rôle est important. Il a son libre arbitre. Il peut prendre la décision de lâcher tout contrôle et tout pouvoir, et de faire confiance à la Divinité intérieure en demandant à votre Moi supérieur de nettoyer et de vous libérer de vos mémoires.

C'est pourquoi, quand on entre dans cette énergie Ho'oponopono, il faut arriver à développer une grande confiance en soi, une foi totale en son âme pour que le mental arrive enfin à abandonner tout pouvoir et contrôle. L'intellect laisse la place à l'intuition du cœur.

On pourrait dire que le mental est semblable à un super ordinateur, un ordinateur si perfectionné que jamais l'homme ne sera en mesure d'en fabriquer un aussi performant. Mais un ordinateur sans logiciel et sans données ne serait d'aucune utilité. Il ne serait qu'une machine vide.

Le mental fonctionne de la même manière. Car ce sont vos mémoires du passé qui lui servent de données. Le mental s'y réfère toujours avant de prendre une décision, ce qui vous conduit à mener votre vie selon des schémas dictés par le passé. Si vous cessez de juger, c'est-à-dire si vous cessez d'utiliser les recettes du passé, alors vous vivrez le moment présent et vous serez prêt à accueillir une nouvelle réalité. Une réalité qui ne sera plus sous le contrôle de votre ego, mais sous la guidance de votre âme.

Lâcher les attentes

L'objectif, la finalité de Ho'oponopono est de vous connecter avec votre Divinité intérieure à travers votre âme.

Pour cela, il faut lâcher toute attente car si être dans l'énergie Ho'oponopono, c'est ne plus avoir à chercher à comprendre, c'est aussi n'être dans l'attente d'aucun résultat. Car être dans l'attente, c'est à nouveau faire intervenir le mental.

Être dans l'attente de quelque chose, cela veut dire que le mental intervient. Et si le mental reprend le contrôle, l'âme se retire et rien ne se passera. Dès cet instant, le mental bloque le processus. Le mental doit donc lâcher complètement.

Il semble que cet aspect, c'est-à-dire « lâcher les attentes », soit le plus difficile à réaliser, car cela veut dire « ne rien vouloir ». Pour poursuivre et atteindre un objectif, nous avons été habitués à être tout d'abord dans la compréhension, dans l'étude des données, puis dans l'action. Nous sommes là dans le domaine du « raisonnable » qui dépend de l'intellect, du mental et de l'ego. D'ailleurs, le choix même de l'objectif à atteindre a été, au préalable, le fruit de la réflexion du mental. C'est ainsi que, très généralement, chaque être fonctionne.

Pour faire son choix d'un objectif à atteindre, le mental va puiser dans sa banque de données que sont les mémoires ou les expériences passées, comme le ferait un ordinateur avec les données de son disque dur. Ainsi, le choix d'un objectif, d'une décision à prendre n'est, en définitive, que le produit de nos mémoires. C'est la raison pour laquelle le mental se trompe si souvent.

L'état « vide » et le moment présent

Le mental n'existe que dans le passé ou le futur et il perd son pouvoir et tout contrôle dans le moment présent. Car dans le présent, le mental ne peut plus agir et il lâche les rênes. C'est pourquoi le processus Ho'oponopono ne connaît que ce temps particulier du « ici et maintenant ». La condition de son efficacité est de le pratiquer dans le moment présent, en étant déconnecté de son mental.

Quand on pratique Ho'oponopono, je dirais même quand on « vit » Ho'oponopono – car c'est un état d'esprit – le « lâcher-prise » et le détachement doivent être totaux pour atteindre cet état de « vide », l'état « zéro » dont parle le Dr Len. L'état de « vide » ne peut s'atteindre que dans « l'ici et maintenant ».

C'est dans cet état de « vide » où l'on ne veut plus rien que l'inspiration peut apparaître.

L'inspiration vient de l'âme ou de la Divinité qui est en nous. Or, la Divinité sait exactement ce qui est bon pour nous. L'inspiration est toujours juste.

L'amour de soi

Il est important de maintenir cette énergie d'amour à un niveau toujours élevé. Pour cela, pensez à ces phrases au quotidien et jour après jour. On fait appel au processus Ho'oponopono pour toutes choses. Dès que vous sortez de chez vous pour vous rendre à votre travail ou à un rendez-vous, demandez aussitôt à votre Moi supérieur ou à la Divinité de nettoyer en vous ce qui pourrait être la cause d'un problème ou d'un obstacle quelconque avec les personnes que vous allez rencontrer.

Répétez les phrases : « Désolé, pardon, merci, je t'aime » et vous verrez peu à peu la magie s'accomplir.

Laissez aller votre intuition pour trouver les mots, les phrases qui vous conviennent le mieux. Adressez-vous à votre Enfant intérieur et demandez-lui de lâcher les mémoires, remerciez-le en lui rappelant que vous l'aimez. Rassurez-le.

Adressez-vous à votre Moi supérieur en lui demandant de nettoyer, de purifier, avec l'aide de la Divinité, les causes du problème et remerciez-le.

Vous pouvez plus spécifiquement vous adresser à vos mémoires en leur rappelant votre amour pour elles, car elles vous donnent l'opportunité de les libérer et ainsi de vous libérer.

C'est pourquoi, en pratiquant Ho'oponopono chaque jour et plusieurs fois par jour, vous allez développer en vous, toujours davantage, ces magnifiques valeurs qui sont comme des parcelles d'amour telles la gratitude, le pardon, le lâcher-prise, l'humilité, la joie, le non-jugement, la foi en vous et l'amour pour soi.

C'est ainsi que vous découvrirez peu à peu qui vous êtes réellement.

Le but de Ho'oponopono est de vous libérer de vos mémoires pour atteindre la lumière et l'illumination afin de connaître la liberté et la paix.

Comment pratiquer Ho'oponopono

Derrière chaque situation, chaque événement, chaque rencontre qui survient dans votre vie, se cache une mémoire. Le but de Ho'oponopono est de vous libérer de tout ce qui peut faire obstacle dans votre vie ou qui peut être source pour vous de douleur, de peine ou de souffrance.

La pratique doit vous conduire à un état « zéro », c'est-à-dire un état de « vide » dans lequel le mental a totalement laissé le contrôle à votre partie divine afin que vous soyez dans l'accueil de son message, dans ce qui est communément appelé l'inspiration. Le but est de demeurer dans cet état le plus souvent possible afin d'être dans l'accueil en permanence.

La pratique de Ho'oponopono doit devenir un réflexe de chaque instant de votre vie. Il convient d'accueillir toute chose, aussi insignifiante soit-elle, avec un sentiment de gratitude, de pardon, d'humilité et d'amour.

Il n'y a aucune contrainte à cela ni aucun effort à fournir. Car une fois ce réflexe acquis, les mots : « *Désolé, pardon, merci, je t'aime* » vous viendront automatiquement en pensée ou sur vos lèvres.

Prononcer ces mots n'est ni une obligation absolue ni une condition sine qua non. Il m'arrive très souvent de dire simplement « *Merci, je t'aime* » en répétant ces mots plusieurs fois. Vous pouvez employer les mots qui vous conviennent le mieux. Certains disent « *Lumière* » ou « *J'accepte* », ou encore uniquement « *Merci* ».

Ainsi, dès qu'un désagrément quelconque vous apparaît, vous pouvez énoncer le processus complet en pensée ou à voix haute : « Je suis créateur totalement de ce qui arrive et j'accepte cette situation. Je sais qu'elle est produite par une mémoire, et je décide de la libérer. Aussi, je demande à mon Enfant intérieur ou à mon subconscient de laisser aller cette mémoire et de la lâcher. Je demande à mon âme, qui est en relation avec ma Divinité intérieure, de nettoyer cette mémoire afin de la purifier et de la transmuter en lumière. » Dans tout ce processus, il convient de toujours demeurer sans attente quant au résultat final.

Dans la pratique, il suffit de dire simplement : « *Désolé, pardon, merci, je t'aime* », ou « *Merci, je t'aime* », sachant que ces mots contiennent tout le processus.

Vous pouvez pratiquer Ho'oponopono pour tout. Vous pouvez commencer à nettoyer les mémoires dès le matin au lever, en pensant par exemple à vos rendez-vous de la journée, même si vous ne savez pas quels sont ceux qui pourraient présenter un obstacle ou une gêne pour vous. Aussi pour chaque rencontre, dites : « *Désolé, pardon, merci, je t'aime* » afin qu'elle se passe au mieux pour vous.

Mais vous pouvez aussi faire Ho'oponopono en voiture, dans le métro, au travail, en famille : dès qu'une situation gênante ou un différend survient, cela devient motif à nettoyer, car ce sont des mémoires.

Pratiquer ainsi Ho'oponopono est une belle manière d'éclairer votre chemin C'est un lâcher-prise permanent. Mais pour lâcher, il faut d'abord avoir la prise de responsabilité. Ensuite vient l'acceptation, qui s'atteint en montant à un niveau supérieur où vous vous rappelez qui vous êtes. C'est ainsi que vous pouvez décider de libérer cette mémoire qui est en train d'agir généralement de façon inconsciente. Alors, vous donnez la permission à la partie divine de votre être d'exister, qui, par l'amour, viendra la transmuer.

Le pouvoir créateur

Gandhi disait : « *You must be the change you want to see in the world* » (« Soyez le changement que vous voulez voir dans le monde »). Car comme le monde n'est que le reflet de ce que nous sommes, dès que nous changeons, le monde change. Le monde, c'est nous.

Quand il arrive quelque chose de désagréable dans votre vie, que faites-vous instinctivement ? Vous recherchez à l'extérieur un fautif, un coupable. Cela a l'air d'être si vrai que vous ne vous posez même pas la question : puisque c'est arrivé à l'extérieur de vous, alors le coupable est aussi à l'extérieur.

D'ailleurs, ceux qui vous gouvernent vous encouragent sans cesse à regarder au dehors. Cela vous amène à vous voir comme une victime et à considérer que le danger vient toujours de l'extérieur. Chacun se déresponsabilise de tout et c'est ainsi que, pour des faits insignifiants, sont traînés en justice le médecin, le professeur des enfants, l'employeur ou le voisin. Dans le domaine de la santé, on a trouvé des boucs émissaires bien pratiques comme les virus, le tabac, la pollution et bien d'autres choses. Les religions ont ouvert la voie il y a bien longtemps en vous inculquant l'idée que vous êtes pécheur de naissance et que vous vivez sous l'œil inquisiteur d'un Dieu impitoyable, prêt à vous punir.

Dès la naissance, l'archétype de la victime a été bien ancré en vous et cela arrange les affaires des pouvoirs extérieurs, qu'ils soient politiques ou religieux.

Mais en continuant à chercher le responsable de votre désagrément à l'extérieur de vous, que se passe-t-il ? Vous donnez votre propre pouvoir ! Comme le responsable est ailleurs, vous lui donnez votre pouvoir et vous ne contrôlez plus votre vie.

Conclusion : si un agent extérieur est coupable de votre infortune, alors il a tout pouvoir sur vous ! Or, remettre le pouvoir dans les mains des autres, c'est ce que l'on fait sans cesse toute sa vie.

À ce stade, vous vous dites certainement : « *Si je suis responsable de cette situation qui me dérange, comment vais-je la résoudre ?* » Parce que si vous pensez que vous êtes créateur de tout ce qui vous arrive, alors, vous pouvez changer votre réalité.

À ce moment-là, vous récupérez votre pouvoir car vous considérez que personne d'autre que vous n'est responsable de ce qui vous arrive. Ce n'est plus la faute des autres, ils ne sont intervenus dans votre vie que pour vous montrer ce qu'il y a à changer et à améliorer en vous.

En aucun cas les autres ne sont responsables, vous êtes le seul responsable des choses qui arrivent dans votre vie. De tout !

Du coup, vous pouvez dire : « Vous n'avez aucun pouvoir sur moi, sur ma vie. Je suis l'artisan de ma vie. Je vais changer ce qui a fait qu'il m'est arrivé quelque chose qui me dérange ou m'a fait souffrir. Je contrôle ma vie. »

Quand un problème survient dans votre vie, est-ce que la solution de ce problème est à l'extérieur de vous ? Si vous voulez que ce problème ne soit plus, devez-vous essayer de changer les autres qui, selon vous, sont les causes du problème qui vous dérange ? Voyons la réponse avec le rétroprojecteur.

Le rétroprojecteur

Je vais prendre un exemple qui va vous montrer ce que veut dire « créer sa réalité à chaque instant de sa vie », et aussi qu'un problème n'est pas là où on le croit habituellement. Vous savez ce qu'est un rétroprojecteur. C'est un appareil qui projette des images, les unes après les autres, sur un écran.

Supposons que vous soyez bien confortablement installé chez des amis, en train de visionner une série de diapositives. Et tout d'un coup, à la vue de la dernière image qui apparaît, quelque chose vous dérange terriblement. C'est peut-être une phrase écrite, ou bien la représentation d'une scène, un personnage ou des couleurs, des formes, mais il importe peu de le savoir. Ce que l'on note c'est que, dans ce que vous voyez, quelque chose vous dérange au point de susciter en vous une énorme émotion. Cette émotion semble vous affecter terriblement car, soudain, en proie à la colère, vous vous levez et vous vous dirigez vers l'image. Puis, vous munissant d'un objet tranchant, rageusement, vous déchirez l'écran. Mais vous voyez que l'image continue de se projeter un peu plus loin contre le mur situé derrière. Alors, vous vous y précipitez avec l'idée de détruire cette image si dérangeante pour vous.

Si l'on vous donnait une pioche dans le but de casser le mur à l'endroit où l'image se projette, est-ce que ce serait la bonne méthode pour faire disparaître l'image ? Bien sûr que non ! Chacun sait que pour changer une image projetée par un rétroprojecteur, il suffit tout simplement de changer la diapositive qui est à l'intérieur. En conséquence, si une image projetée par un rétroprojecteur vous dérange, la solution du problème n'est pas dans l'écran ou sur le mur mais dans le rétroprojecteur lui-même.

Il suffira de changer de diapositive pour avoir tout simplement une autre image, et cette fois, une image qui vous convienne !

Pour vous, croyez-vous que ce soit différent ? Certainement pas ! Car vous fonctionnez en quelque sorte comme ce rétroprojecteur. Quand un problème apparaît, vous êtes immédiatement porté à chercher la solution de ce problème à l'extérieur de vous-même, comme si la ou les causes de ce problème étaient séparées de vous, c'est-à-dire comme si ces causes n'étaient pas connectées avec vous. Si vous faites cela, vous cherchez assurément au mauvais endroit ; car la solution de tout problème que vous rencontrez n'est pas à l'extérieur. En effet, un événement qui survient n'a pas d'existence propre en dehors de vous. La perception que vous en avez n'est, en fait, que le reflet de vos pensées, de vos croyances et de vos mémoires.

Tel le rétroprojecteur, vous trouverez la solution à votre problème non pas à l'extérieur de vous, mais en vous, à l'intérieur de vous et ceci, quelle qu'en soit la cause.

Vous êtes en quelque sorte un rétroprojecteur – des milliers de fois plus performant sans aucun doute – car comme lui, vous projetez des images, des scènes et des personnages qui ne sont que le reflet de ce que vous êtes à l'intérieur, de vos pensées… Et rappelons que plus les émotions qui accompagnent ces pensées sont intenses, plus vos pensées sont créatrices. Mais d'où viennent vos pensées sinon de vos mémoires ? Ces mémoires que, par un procédé très simple, Ho'oponopono vous propose de nettoyer afin de vous libérer de leur emprise et de vous conduire vers la paix.

Le pardon ouvre la porte à l'amour

Les phrases « *Je suis désolé, pardonne-moi* » font partie du processus Ho'oponopono. On pourrait dire également : « *Je suis désolé, car je ne savais pas que j'avais ces mémoires en moi. Pardonne-moi, mon Enfant intérieur qui a beaucoup souffert et que j'ai délaissé, pardonne-moi mon âme de t'avoir privée de ma confiance, pardon mes mémoires de vous avoir ignorées et pardon à moi-même des souffrances que je me suis infligées par manque d'amour pour moi-même… et je demande pardon aux autres pour les jugements que j'ai portés sur eux.* »

Habituellement, vous croyez devoir pardonner aux autres pour ce qu'ils vous ont fait. Les autres sont considérés comme coupables et vous êtes alors dans le jugement. Mais comment peut-on juger les autres s'ils ne sont qu'un reflet de soi-même ? Juger les autres, c'est se juger soi-même.

Dès que vous êtes dans le jugement ou la critique, vous fermez votre cœur à l'amour, source de vie qui est partout et vous cessez d'aimer. Le jugement induit la dualité et la séparation qui vous coupent de l'énergie d'amour. Et dès que vous cessez d'aimer, vous vous pénalisez aussitôt car vous vous coupez de l'amour.

C'est alors que, dans un sentiment de profonde sincérité, vous demandez pardon à ceux qui, « apparemment », sont causes de vos désagréments, parce qu'en les jugeant, vous vous êtes servis d'eux afin de vous fermer à l'amour.

Le pardon est essentiel dans le processus Ho'oponopono, car il libère vos zones d'ombre, vos peurs et vous ouvre à l'amour.

La lumière et l'ombre

Imaginez un instant que vous soyez dans une pièce sans fenêtre. Il y a une porte dont les interstices ont été parfaitement calfeutrés. La lumière est éteinte, ce qui fait que cette pièce est plongée dans le noir absolu. Vous êtes là, debout, à l'intérieur de cette pièce toute noire. Vous avez la main sur la poignée de la porte. Vous savez que de l'autre côté se trouve une autre pièce parfaitement bien éclairée et très lumineuse.

D'un coup, vous ouvrez la porte. Que se passe-t-il ? Vous êtes ébloui, sans doute, mais surtout vous observez aussitôt que la lumière entre à l'intérieur de la pièce dans laquelle vous étiez. Cela ne vous étonne pas et c'est normal. En revanche, remarquez-vous quelque chose de différent dans la pièce qui était très bien éclairée ? Est-elle devenue plus sombre ? Évidemment non, cette pièce qui était très lumineuse l'est restée, elle n'a pas changé de luminosité. Elle est toujours aussi claire.

Voilà des questions qui peuvent vous sembler absurdes. Cela tombe sous le sens, direz-vous. Et pourtant, observez ceci : le sombre, par exemple celui de la pièce sans fenêtre, n'existe que par absence de lumière. C'est bien cela ? Puisque dès qu'on laisse entrer la lumière dans une pièce non éclairée, le sombre s'atténue pour devenir moins sombre.

Mais alors ! Pourrait-on dire que le sombre n'existe pas ? La science sait tout de la lumière, sa composition, sa vitesse, etc. Mais a-t-elle étudié le sombre ? Pas à notre connaissance.

Le sombre apparaît comme l'envers de la lumière, son opposé. De la même manière que le sombre n'existe que par absence de lumière, on peut dire également que nos peurs n'existent que par absence d'amour.

La lumière est partout et de la même manière, l'amour aussi est partout. Il est en toute chose, il fait partie intégrante de tout ce qui est. Vos peurs sont vos zones d'ombres, vos parties sombres.

Revenons à notre métaphore et considérez que vous êtes dans la pièce obscure, la main sur la poignée de la porte. La porte est légèrement entrouverte pour beaucoup, un peu plus pour d'autres. Mais pourquoi n'ouvrez-vous pas cette porte complètement afin de vous baigner dans la lumière ? Pourquoi gardez-vous la main bien serrée sur la poignée de la porte en l'empêchant de s'ouvrir largement à l'amour ? Pourquoi restez-vous cramponné à vos peurs et continuez-vous de vous fermer à l'amour ? Il est difficile de vous séparer de vos habitudes, de vos mémoires, de vos souvenirs. Vous y êtes habitué, vous les connaissez, et même s'ils sont synonymes de douleurs, de souffrances, vous les conservez par paresse, par crainte du changement, par peur de l'inconnu.

Effectivement, si l'on ne vous a pas montré le chemin de l'amour, si l'on ne vous a pas appris à vous aimer vous-même, à aimer tout simplement, alors l'amour véritable peut faire peur. Il peut d'ailleurs paraître paradoxal de dire cela. Pourtant, on comprend que tout ce que vous n'avez pas en vous est inconnu, et l'inconnu fait peur. Si l'amour n'est pas en vous naturellement, vous ne pouvez pas attirer l'amour.

Il semble pourtant si facile d'actionner la poignée de cette porte et ainsi d'être envahi par l'amour. Pour cela, sans doute faudrait-il développer en vous le lâcher-prise, l'estime de soi et la foi en votre âme. Il ne s'agit pas d'ouvrir la porte trop brutalement, car l'éblouissement pourrait être douloureux. Chacun le fera à son rythme, selon sa propre évolution.

C'est le pardon total qui peut nous amener à ce lâcher-prise et nous libérer. « Le véritable pardon doit inclure un lâcher-prise complet sur la conscience de victime. » (Colin C. Tipping, Le pouvoir du pardon radical, *2011)*

Le pardon total

Pour nos esprits occidentaux sous influence judéo-chrétienne, le pardon est un concept délicat car il nous enferme dans la notion de culpabilité. « *Si je demande pardon, c'est que je suis coupable d'une faute.* » L'ego répugne à reconnaître sa faute et plus encore à demander pardon.

C'est pourquoi sortir de l'emprise de si lourdes mémoires enseignées depuis tant de siècles n'est pas chose facile. De plus, il y a quelque chose d'humiliant à reconnaître sa culpabilité, sa faute. Mais dès que l'humiliation se transforme en humilité, alors le pardon peut vous libérer totalement du rôle de victime en vous invitant à modifier radicalement votre vision du monde, ainsi que l'interprétation de tout ce qui vous arrive.

Dans la pratique de Ho'oponopono, au moment où vous dites « *Pardon* » ou « *Pardonne-moi* », adressez ce pardon à vous-même. Vous atteindrez à ce moment-là le stade ultime que procure la puissance du pardon, qui vous conduit vers un sentiment de bonheur indescriptible, un soulagement libératoire, un lâcher-prise total. La porte de votre cœur s'ouvre enfin sans effort, la lumière vous envahit et vous transporte. C'est comme une nouvelle naissance.

On peut voir le pardon comme l'axe central du processus Ho'oponopono. Si la demande de pardon se fait avec beaucoup de sincérité et dans une profonde humilité, alors les peurs et les résistances peuvent commencer à se dissoudre et à laisser place à un sentiment d'amour total. Le pardon est véritablement une porte qui vous permet de passer de l'emprise de l'ego vers cet espace infini de liberté et de paix qui est celui du cœur.

Le pardon est un acte d'amour, un don total de soi.

> C'est par le don que vous ferez « un » avec la Source divine. « En faisant le choix de demander pardon, nous troquons notre orgueil et l'importance que nous nous accordons contre l'humilité et la simplicité. Nous renonçons à nos prétentions, à notre soi-disant supériorité, nous redescendons de notre tour d'ivoire… et quelque chose s'ouvre soudain en nous. En nous défaisant de notre armure, en lâchant prise de nos griefs, nous retrouvons notre liberté. » (Olivier Clerc, *Le don du pardon*, 2010)

Le Bouddha d'or

L'amour est partout, il assure la cohésion et l'unité de toutes choses, de l'Univers, de tous les organismes vivants, de nous-mêmes, que nous en ayons conscience ou non.

Tout est amour, vous êtes amour.

Mais alors, qu'est-ce qui vous empêche d'accéder à cette merveille, à ce trésor qui est en vous ? Ce sont vos peurs. Les peurs agissent comme une carapace protectrice, une construction de l'ego. C'est un masque social qui vous permet de vous afficher face au monde.

Illustrons cela par une histoire qui s'est passée en Thaïlande. En 1957, un groupe de moines se vit confier la tâche de déménager d'un temple à un autre un Bouddha géant en argile. Leur monastère devait être déplacé pour permettre la construction d'une autoroute traversant Bangkok. Une grue fut nécessaire pour soulever cet énorme Bouddha. Mais il était si lourd que des fissures apparurent. Puis, il se mit à pleuvoir. Alors, soucieux de protéger la statue, les moines déposèrent celle-ci sur le sol et la recouvrirent d'une grande bâche pour la protéger.

Dans la nuit, le moine supérieur voulut vérifier l'état du Bouddha. En allumant une lampe de poche pour voir si la statue était restée bien au sec, il aperçut, à l'endroit où les fissures étaient apparues, un reflet brillant. Cela l'intrigua et, en regardant de près, il lui sembla que l'argile cachait autre chose. Aussitôt, il alla chercher un marteau et un ciseau et entreprit, à l'endroit de la fissure, d'enlever des morceaux d'argile. Au fur et à mesure qu'il avançait dans son travail et qu'il faisait tomber des morceaux d'argile, le Bouddha devenait de plus en plus brillant.

Au terme d'un labeur qui dura toute la nuit et après avoir ôté la totalité des couches d'argile qui l'enveloppaient, le moine eut l'immense surprise de voir apparaître devant lui un magnifique Bouddha en or massif.

Des historiens pensent que, plusieurs siècles plus tôt, alors que l'armée birmane s'apprêtait à envahir le Siam (devenu plus tard la Thaïlande), des moines, avertis de l'imminence de l'attaque et soucieux de protéger leur précieux Bouddha du pillage, l'avaient recouvert d'une épaisse couche d'argile. Les moines ayant tous péri lors de l'attaque, le Bouddha fut délaissé et son secret, bien gardé, ne fut découvert qu'en 1957.

Pendant des siècles, ce Bouddha montra
sa carapace grossière et néanmoins solide,
cachant son trésor intérieur.

Une belle histoire hautement symbolique, car elle montre que vous êtes, tel ce Bouddha d'or, recouvert d'une carapace créée entièrement par votre ego, sous l'effet de vos peurs.

Le nettoyage des mémoires

Vous détestez généralement la couche d'argile qui vous recouvre, cette carapace faite de vos peurs, de vos croyances et de vos mémoires. Pourtant, vous admettrez aisément que le Bouddha d'or a dû vouer un amour et une gratitude infinis à sa carapace de glaise qui l'a protégé des pillards pendant tant d'années.

De même, vous devez apprivoiser puis aimer vos peurs car leurs faces cachées recèlent un trésor. Votre mission individuelle ne serait-elle pas de vous défaire de cette carapace, de ce voile qui cache votre véritable nature et vous empêche de découvrir qui vous êtes réellement ?

Cette carapace apparaît ainsi comme la dépositaire d'un message divin afin de vous guider dans votre propre évolution. Elle a rempli son rôle jusque-là, celui de vous protéger. C'est en explorant chaque facette de toutes vos peurs que vous pourrez peu à peu dévoiler celles de pur amour qui constituent votre Divinité intérieure.

Le moine a utilisé un marteau et un ciseau. Vous avez à votre disposition le plus merveilleux des outils. Avec Ho'oponopono, vous allez pouvoir nettoyer ces « couches d'argile » que sont vos mémoires.

En une nuit, le moine a fait apparaître
l'or massif de l'intérieur du Bouddha.
La vie entière vous est donnée.

Renforcez votre patience, votre confiance en vous, la gratitude et l'amour envers les autres et vous-même, et la pratique quotidienne de Ho'oponopono vous libérera peu à peu de vos mémoires en vous aidant à découvrir, au fur et à mesure de votre évolution, votre « trésor » intérieur, l'être de lumière que vous êtes réellement.

L'amour est dans l'unité

On peut imaginer l'Univers comme un immense puzzle. Chaque plante, chaque être vivant, vous, moi, chaque planète, tout ce qui existe constitue une des pièces de ce puzzle. Chaque composant n'est alors qu'une parcelle de ce « tout », que l'on appelle Énergie universelle, Conscience universelle, Amour universel, la Source ou… Dieu, qu'importe le nom qu'on lui donne. Chacune de ces pièces est essentielle à la composition du Tout. De même que chaque zone d'ombre et de lumière est indispensable à la construction de votre intégrité individuelle, chaque être vivant est indispensable à la composition de l'Énergie universelle.

Si l'on projette un faisceau de lumière blanche sur un prisme en verre, la lumière se réfracte et elle en ressortira transformée en arc-en-ciel. Si l'on inverse l'opération et que l'on projette une lumière colorée, toutes les couleurs vont s'assembler pour reconstituer une lumière blanche. Afin d'obtenir de nouveau cette lumière blanche parfaite, il est nécessaire que chacune des couleurs constituant le spectre soit présente. Supposez que l'on retire une seule vibration de l'ensemble de toutes ces couleurs, même une infime parcelle, il est évident que la même opération ne donnera pas une lumière tout à fait blanche.

Imaginez que chaque être humain soit une de ces couleurs. Nous voyons alors que si un seul être est rejeté, mis à l'écart, parce qu'il n'est « pas aimé », l'humanité ne pourra pas atteindre complètement l'amour parfait et inconditionnel, car nous sommes tous connectés, unis dans une seule énergie qu'est l'amour.

Acceptez les autres
comme étant une partie de vous-même.

Chaque être humain doit aussi reconnaître et accepter toutes les facettes composant sa totalité, que ce soit la haine, la colère, la cupidité, la joie, la paix, etc.

Le blanc n'est pas l'absence de couleur, il est au contraire le mélange de toutes les couleurs. Ainsi, l'amour est l'ensemble de toutes vos valeurs et de toutes vos zones d'ombres, il englobe tout.

Il n'y a pas de bien ni de mal, pas plus qu'il n'y a de défauts ni de qualités. Il y a simplement vos mémoires qui voilent l'être éclatant de lumière que vous êtes.

Chapitre 2

Ho'oponopono
Du monde psychique
à la réalité quantique

Dr Luc Bodin

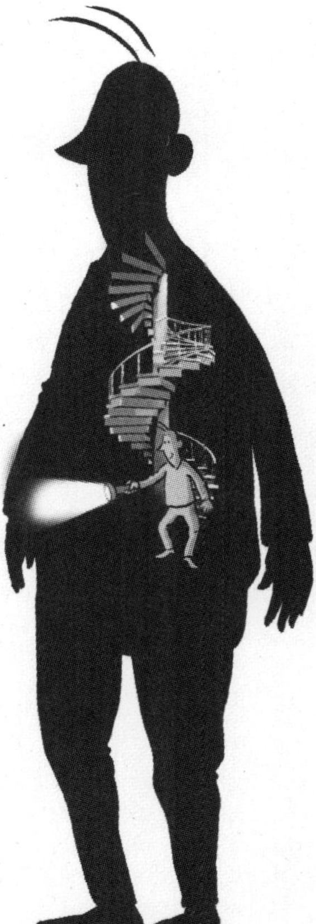

Les mémoires erronées expliquées par la PNL

« Ne crains pas d'avancer lentement,
crains seulement de t'arrêter. »
Proverbe chinois

Il est souvent répété, lors des exposés présentant Ho'oponopono, qu'il s'agit d'une technique permettant d'effacer les mémoires erronées parce que celles-ci sont responsables des situations désagréables rencontrées dans le quotidien. Ho'oponopono vous libère ainsi des boulets que vous traîniez aux pieds – souvent sans même vous en rendre compte –, qui freinaient vos élans et perturbaient vos jugements.

Cependant, dans ces discours, il n'est jamais expliqué ce que sont ces fameuses « mémoires erronées ». Il semble pourtant important d'avoir connaissance de leurs origines pour bien comprendre leur mécanisme d'action, mais aussi afin de comprendre pourquoi il est si important de les effacer.

La Programmation Neuro-Linguistique[1], mieux connue sous le nom de PNL, permet de saisir les origines de ces mémoires perturbatrices. La PNL explique que toutes vos positions dans la vie, vos décisions et vos choix sont directement

1. La Programmation Neuro-Linguistique constitue un ensemble de techniques de développement personnel et de communication, mises au point par John Gringer et Richard Bandler dans les années 1970 aux États-Unis. Elle permet aux personnes de lever leurs blocages et de dépasser leurs difficultés.

liés à vos valeurs[2] et à vos croyances[3]. Si pour vous, par exemple, la réussite sociale est importante, il est évident que vos prises de décisions ne seront pas identiques à celles d'une personne pour qui l'envie de plaire et de se faire aimer des autres est primordiale.

Comme tout le monde, vous êtes porteur de valeurs et de croyances qui sont pour vous des règles essentielles de vie. La plupart proviennent de vos parents et de votre petite enfance. Mais elles peuvent être modifiées, transformées, effacées ou changées au cours de votre vie, selon vos expériences et vos rencontres.

Ces valeurs et ces croyances sont devenues pour vous des évidences comme « le ciel est bleu » ou « le gazon est vert »... Cependant, elles sont totalement subjectives et différentes selon les personnes. Elles sont tellement enracinées en vous que vous n'avez même plus conscience de leur caractère subjectif. Car si elles n'étaient, au départ, que des postulats, elles sont devenues peu à peu des éléments fondamentaux à vos yeux et elles commandent à présent votre vie. Ce sont, par exemple, le respect de la parole donnée, l'honnêteté, la réussite sociale, la gentillesse, la recherche de pouvoir, la famille, le travail, le besoin d'argent,

2. Valeur : importance quelquefois exagérée qu'une personne donne à une chose, à une qualité, à une règle de conduite et qui va diriger sa vie. Cela peut être l'honnêteté, la confiance ou la recherche du succès, le besoin de reconnaissance...

3. Croyance : action de croire en quelque chose même en l'absence de preuve objective. Cela peut être croire en un Dieu, croire que l'Univers cherche notre destruction, croire que la vie est difficile, etc.

la puissance, la recherche de reconnaissance, etc. Tous ces postulats sont devenus peu à peu des mécanismes fondamentaux, automatiques, souvent inconscients… et ils constituent une grande partie de vos « mémoires ».

Parmi celles-ci, un certain nombre peuvent être fausses, limitantes voire trompeuses. Ce sont les « mémoires erronées » qui aboutissent à des décisions déraisonnables et à des conduites aberrantes. Tout cela parce que votre vision du monde a été faussée par un filtre fait de croyances ou de valeurs irrationnelles. Par exemple, si vous considérez que le monde est méchant envers vous et désire votre destruction, vous aurez beaucoup de mal à sortir de chez vous, à aller voir des spectacles, à voyager ou tout simplement à aller à la rencontre des autres… ce qui, vous en conviendrez, vous bloquera beaucoup dans vos occupations quotidiennes, mais aussi dans votre évolution personnelle.

À ces croyances et à ces valeurs trompeuses s'ajoutent les peurs, qui vont également limiter fortement vos activités et vos choix dans la vie. Ces trois éléments sont à l'origine de la plupart de vos « mémoires erronées ».

Voyons maintenant plus en détail de quoi il retourne.

➠ *Les peurs*[4] proviennent principalement des peurs des parents ou des proches (famille, amis, enseignants) qui les transmettent à leurs enfants, souvent à leur insu (voire en croyant, au contraire,

4. Peur : « sentiment d'inquiétude, éprouvé en présence ou à la pensée d'un danger » (définition du Larousse). Ce danger peut aussi bien être réel qu'imaginaire.

les en préserver). Ils transmettent ainsi à leur descendance leur vision du monde et des événements. Mais, n'ayez crainte, tous les parents, même les plus attentifs, produisent cet effet-là.

> Par exemple, le simple fait de dire à un enfant pour le rassurer : « *N'aie pas peur de l'orage* » programme chez lui la peur de l'orage... Personne ne dit : « *N'aie pas peur de la pomme* » ou « *N'aie pas peur du nuage dans le ciel* » ! La simple phrase : « *N'aie pas peur de...* » fait immédiatement comprendre à l'enfant qu'il y a, dans cette situation, des raisons d'avoir des craintes... alors que le parent pensait au contraire le détourner de cette pensée !

Mais cela peut se dérouler aussi de manière plus subtile et ne pas passer par le langage oral. Car le non-verbal est aussi très bien perçu par les enfants. Ils ressentent parfaitement les peurs que leurs parents éprouvent, à leurs seules attitudes, comme par exemple la crainte de la foule dans les grands magasins... Sans même le leur dire, les enfants les enregistrent et les prennent à leur propre compte.

Les peurs se constituent aussi au cours de la vie, selon les situations vécues : les accidents, les deuils, les licenciements, les séparations, les agressions sont autant de situations pouvant fragiliser une personne et être sources de peurs ultérieures : peur des accidents de voiture, peur de perdre son enfant, peur d'être licencié, peur que son conjoint le/la quitte, etc.

Les peurs bloquent les personnes dans leur vie et les empêchent de se réaliser.

➤ *Les valeurs* interviennent aussi directement dans la direction et l'organisation de votre vie. Tout le monde en possède entre cinq et dix. Elles constituent les bases sur lesquelles vous gérez votre vie. L'inconvénient est que certaines d'entre elles peuvent être limitantes ou inadaptées et peuvent bloquer votre évolution (comme une doctrine trop rigide) ou déformer votre réalité (comme « être toujours gentil »).

C'est ainsi qu'une jeune femme avait été programmée dans son enfance avec cette valeur. Sa mère lui disait souvent : « *Oh ! Sylvie, si tu étais gentille, tu irais chercher le pain à la boulangerie* » ou « *Tiens, sois gentille, Sylvie, va chercher mes lunettes que j'ai oubliées dans la salle à manger* »... Ces petites phrases répétées quotidiennement ont créé chez cette femme une règle d'or : « *Être toujours gentille* »... avec tout le monde ! Cela lui a posé bien des soucis dans sa vie amoureuse ainsi que dans sa vie de femme où elle ne savait pas dire non. Sa gentillesse permanente l'a même amenée à épouser trois hommes pour qui elle n'avait pourtant aucun élan amoureux particulier – mais elle n'avait jamais osé leur dire non – ce qui l'a conduite à trois divorces successifs, suivis d'une douloureuse vie solitaire. Jusqu'au jour où elle a compris que toutes ces situations étaient le fruit d'une mémoire erronée qu'elle avait en elle : celle d'« être toujours gentille ». Ho'oponopono l'a aidée à effacer cette valeur limitante. C'est alors qu'elle a enfin commencé à être elle-même. Elle s'est vraiment sentie vivre et ses problèmes de cœur se sont résolus.

La plupart des valeurs découlent de celles des parents. Elles sont même le plus souvent un amalgame des valeurs du père et de celles de la mère parce que, bien sûr, vous essayez toujours de faire plaisir à papa et à maman pour obtenir leur reconnaissance, et cela de manière tout à fait inconsciente. Mais certaines valeurs peuvent également se développer au cours de la vie selon les vécus et les expériences de chacun.

➠ *Les croyances* sont des informations non vérifiées et souvent non vérifiables que la personne considère pourtant comme véridiques. Elles proviennent pour la plupart de l'éducation et donc des parents, de la famille, de proches ou de professeurs. Mais d'autres se construisent au cours de la vie selon les réussites, les échecs et les situations rencontrées.

Les croyances sont des éléments avec lesquels l'individu va appréhender et modeler sa vie. Cela peut être, par exemple, la croyance que le monde est dangereux, ou la croyance qu'il ne faut jamais montrer ses émotions, ou la croyance que l'on ne vaut rien, ou la croyance qu'il existe une justice divine, ou la croyance en la réincarnation, etc. Une croyance change la manière de voir et d'appréhender la vie. Ainsi, il y a bien des années, une chanson de Johnny Hallyday serinait : « *J'ai un problème, je crois bien que je t'aime.* » Ce message s'est imprimé dans l'esprit de nombreux jeunes : « *Je t'aime = problème* », ce qui peut être à l'origine de croyances qui ne sont pas très souhaitables pour développer une vie amoureuse !

Les croyances peuvent prendre de nombreux aspects différents. Un des plus connus est la croyance religieuse : l'individu n'a aucune preuve de l'existence d'un Dieu – ou de sa non-existence – pourtant il a la foi et cette foi est souvent indestructible. Il suffit de constater le nombre de morts qu'il y a dans le monde au nom de la religion. Cela montre à quel point les croyances peuvent être puissantes.

Les peurs, les valeurs et les croyances sont donc des éléments subjectifs, présents en vous, qui dirigent votre vie et votre destinée. Elles conditionnent aussi vos pensées et donc, par la loi d'attraction, elles attirent à elles les situations qui leur correspondent, c'est-à-dire les situations de même nature qu'elles.

Les valeurs et les croyances harmonieuses attireront des situations bénéfiques pour vous et votre évolution. En revanche, les peurs, les valeurs ou les croyances déformées attireront dans votre vie des événements qu'elles espéraient justement pouvoir éviter et qui constitueront des situations très désagréables pour vous.

Les peurs, les valeurs et les croyances sont ce que Ho'oponopono appelle les « mémoires erronées ».

Aussi, en prenant le problème à l'envers, lorsque vous vivez une situation désagréable, cela signifie qu'il y a généralement en dessous de celle-ci une peur, une valeur ou une croyance inadaptée (mémoire erronée). Prenant conscience de cela, vous avez alors le choix entre la conserver ou l'effacer. Car vous pouvez très bien considérer que votre valeur « honnêteté » est bonne et que vous voulez la garder. Vous pouvez considérer que la peur que vous avez du monde qui vous entoure est juste et qu'il est bon pour vous de la conserver. Vous pouvez considérer que la croyance que vous ne valez rien est normale et qu'il est bon de la maintenir.

C'est ici que se situe votre libre arbitre.

Mais vous pouvez aussi considérer que ce sont autant de filtres qui faussent votre vision de la vie et votre jugement, que ce sont des freins, voire des obstacles à votre évolution et à votre plein épanouissement. Vous pouvez aussi avoir envie de faire disparaître la situation désagréable. Si c'est le cas, alors vous déciderez d'effacer ces mémoires que vous jugez erronées ou perturbatrices pour vous, en faisant Ho'oponopono. Celui-ci les éliminera en utilisant l'énergie de l'amour.

Les situations conflictuelles

« Ce qu'on ne veut pas savoir de soi-même finit par arriver de l'extérieur sous forme de destin. »
C. G. Jung

Les conflits[5], c'est-à-dire les soucis, les contrariétés, les problèmes, les désagréments, l'anxiété que l'on a pour soi-même ou pour les autres, sont fréquents lors d'une vie – pour ne pas dire obligatoires. Ils se déroulent toujours en deux temps :

- *La phase du conflit actif*, c'est-à-dire la période pendant laquelle le problème n'a pas encore trouvé sa solution. Celui-ci est toujours présent et tourne sans cesse dans votre tête. Toute votre attention se trouve focalisée sur lui – ce qui tend à le faire grossir –, oubliant du même coup tout ce qui se passe autour vous... Cette obsession ne vous aide absolument pas à relativiser le tracas et encore moins à lui apporter une solution. C'est ainsi que le conflit peut durer des mois, des années, voire toute une vie.

Dans cette situation, il convient d'abord de prendre de la distance par rapport à lui, par exemple en vous changeant les idées (vacances, loisirs, sorties...), mais

5. Il ne faut pas prendre le mot « conflit » dans le sens « combat ». Il est utilisé ici dans le sens « situation posant problème ». Par exemple, un conflit avec son conjoint ne signifie pas forcément un désaccord avec lui. Cela peut être aussi se faire du souci pour son conjoint à cause de sa santé, de ses problèmes de travail ou autre.

aussi en prenant conscience que c'est vous, et vous seul, le créateur de cette situation et qu'elle est le résultat d'une de vos mémoires erronées que Ho'oponopono aidera efficacement à effacer si vous le désirez. Car il suffit que *vous* changiez pour que la *situation* change. Vous n'avez plus à attendre un changement chez les autres. Vous n'êtes plus la victime. Vous êtes le véritable maître de votre vie.

➤ *La phase de résolution du conflit* constitue le second temps. La personne a trouvé en elle – ou grâce à Ho'oponopono – les ressources nécessaires pour surmonter ou pour trouver une solution à son problème. Arrive alors la phase de convalescence et de récupération, qui s'accompagne souvent de fatigue et d'infections passagères.

Mais certains conflits résolus peuvent laisser des séquelles psychologiques, comme c'est le cas des suites de certaines maladies sur le plan physique. Ces séquelles peuvent même programmer de nouvelles croyances, de nouvelles peurs ou de nouvelles valeurs dont un certain nombre pourront être, ici encore, perturbatrices et sources de mémoires erronées… comme un licenciement économique qui peut finir par être accepté par la personne, mais la fragiliser et l'amener par exemple à une dévalorisation d'elle-même ou à une peur constante d'être de nouveau licenciée dans son futur emploi. Là aussi, Ho'oponopono peut aider à surmonter ces sentiments perturbateurs.

Ainsi, lors d'un conflit, Ho'oponopono peut intervenir pour favoriser sa libération en effaçant la mémoire erronée cause du problème, mais aussi en effaçant les mémoires erronées ayant pu s'être créées à la suite de ce problème. Ce sont les conséquences de l'événement. Nous pourrions dire que ce sont *des mémoires erronées issues de mémoires erronées* ! Ceci montre comment les situations finissent par se compliquer et s'intriquer avec le temps.

> Par exemple, une personne s'est fait licencier plusieurs fois à cause d'une croyance (mémoire erronée) « qu'elle ne valait rien ». Ces licenciements répétés généreront chez elle de nouvelles mémoires erronées comme la « peur d'un nouveau licenciement », la « peur de manquer d'argent », voire encore la croyance que « le monde est méchant », etc. Ainsi, de nouvelles mémoires erronées se constituent à la suite de la survenue des événements provoqués par une ancienne mémoire erronée. Ceci peut être à l'origine de chaînes sans fin.

C'est pourquoi, lorsqu'un événement désagréable survient, il faut souvent réaliser Ho'oponopono plusieurs fois pour obtenir l'effacement de *toutes* les mémoires qui y étaient rattachées. Le Dr Len, dans son bureau, faisait Ho'oponopono tous les jours sur les dossiers de ses patients. Il a fallu attendre plusieurs mois pour que les premiers résultats se fassent sentir par des améliorations chez ses patients.

Derrière une situation difficile peuvent se cacher de nombreuses mémoires erronées. Ce n'est que lorsque toutes ces mémoires auront été effacées que la situation vécue s'améliorera.

Le cycle des conflits

« *Ne cherche pas à changer le monde mais choisis de changer d'esprit au sujet du monde.* »
Jeshua, *Un cours en miracles*

Vous avez peut-être remarqué que les situations désagréables que vous vivez dans votre vie ont une fâcheuse tendance à se répéter comme des licenciements en série, des ruptures sentimentales répétées, le manque d'argent, des échecs dans les études… Cela peut vous donner l'impression que la vie s'acharne contre vous. En fait, il n'en est rien. La cause ne vient pas du fait que l'Univers aurait de mauvaises intentions à votre égard, mais de certaines peurs, croyances ou valeurs que vous avez en vous et qui perturbent vos pensées, appelant – par résonance – des situations désagréables en rapport avec elles. Or, comme vous demeurez toujours dans les mêmes pensées négatives, vous attirez toujours les mêmes situations conflictuelles. C'est logique !

Ainsi, loin d'être un coup de tonnerre dans un ciel bleu, un conflit a généralement eu des précédents, c'est-à-dire que vous avez déjà eu, par le passé, des conflits du même genre que vous avez négligés et donc que vous n'avez pas résolus. Comme la mémoire erronée n'a pas été effacée, elle est toujours active et continue d'appeler à elle de nouvelles situations identiques, ce qui induit un « cycle de conflits ».

Le cycle personnel des conflits

Ce mécanisme explique pourquoi vous recréez sans cesse le même genre de situation conflictuelle. Votre mémoire erronée a commencé généralement par produire dans votre vie de petits désagréments comme des contrariétés, des vexations ou de petits échecs. Ceux-ci furent vite oubliés et, bien souvent, vous avez négligé d'en rechercher l'origine. La mémoire erronée est donc demeurée vivace au sein de votre esprit. Quelque temps plus tard, elle va de nouveau se manifester et produire une nouvelle situation du même type, mais souvent plus désagréable que la précédente… et si elle est de nouveau négligée, elle va s'estomper avec le temps et le problème disparaîtra une nouvelle fois. Mais la mémoire, elle, sera toujours là. Par la suite, elle engendrera de nouveaux conflits qui seront toujours un peu plus forts que les précédents. Négligés, avec les années, ils deviendront de plus en plus violents et de plus en plus puissants, jusqu'à déclencher des situations dramatiques comme des divorces, des accidents ou des maladies graves, des deuils.

La solution consiste bien évidemment à ce que vous preniez conscience que ces conflits répétitifs proviennent d'une mémoire erronée qui est en vous et qu'il convient d'effacer si vous désirez faire cesser ces conflits à répétition.

Ainsi, une jeune femme s'est mariée deux fois et a divorcé deux fois pour la même raison : son mari la battait. Après son second divorce, elle s'est mise à fréquenter un jeune homme qui, lui aussi, s'est mis à la battre quelque temps plus tard. Dégoûtée par la gente masculine, elle a vécu seule avec son fils… qui s'est mis à la battre à son tour ! Il fallait que cette femme comprenne que toutes ces situations avaient été générées par une mémoire erronée qu'elle avait en elle et qu'il lui fallait effacer si elle voulait que ce genre de situation ne se renouvelle plus jamais (ce qui n'excuse bien sûr en rien l'attitude de ces hommes).

Vous pouvez aussi considérer que, si au lieu d'attendre le drame, un effacement avait été réalisé dès les premiers événements fâcheux, cela vous aurait évité bien des déboires. C'est pourquoi il est important que vous fassiez Ho'oponopono pour tous les événements désagréables survenant dans votre vie : un simple chagrin, une contrariété, l'évocation d'un mauvais souvenir, une tristesse, une pensée déplaisante, une mauvaise nouvelle... Car l'effacement de la mémoire évitera qu'elle ne revienne un peu plus tard de manière plus désagréable et plus violente.

Ces conflits reviennent souvent cycliquement, avec une périodicité différente selon les situations et les personnes. Chaque fois, bien que la situation soit autre, les conflits sont toujours du même ordre ; mais aussi, ils sont toujours plus violents que les précédents… comme pour obliger la personne à prendre conscience qu'elle a en elle une mémoire erronée.

L'origine du premier conflit

Le premier conflit d'un cycle peut provenir de n'importe quel moment de la vie d'une personne. Dans la plupart des cas, il commence dans l'enfance, voire dans la petite enfance. C'est ainsi que l'on retrouve des enfants fréquemment battus par leurs camarades, ou en échec scolaire, ou au contraire générateurs de violence.

Mais l'origine du premier conflit peut remonter plus loin dans le temps, comme au jour de l'accouchement ou avant, lors de la vie intra-utérine. Ce genre de conflit est beaucoup plus fréquent qu'on ne le pense.

➤ Lors de la grossesse *(in utero)*, l'enfant ressent tout ce que vit sa mère : les problèmes de couple, les violences physiques ou psychiques, les peurs, les chagrins, les risques de fausse couche... Le fœtus enregistre tout. De plus, lors de l'annonce de la grossesse, certains couples se posent la question de savoir s'ils vont garder ou non l'enfant. Ceci constitue un traumatisme terrible pour lui, ce qui sera générateur de peurs. Il y a aussi beaucoup d'enfants qui ne sont pas désirés par leur père ou par leur mère, ce qui sera aussi à l'origine de peurs, de croyances ou de valeurs perturbatrices.

➤ L'accouchement, en plus de son côté traumatisant physiquement, pour la mère comme pour l'enfant, constitue le premier conflit de séparation pour le nouveau-né, séparation d'avec sa mère qui était tout pour lui pendant la grossesse. Car durant cette période, elle lui assurait amour, nourriture, chaleur et protection. Ensuite, au cours de la vie, ce conflit de séparation se renouvellera fréquemment : séparation pour aller à la garderie ou à l'école, pour aller travailler, pour se marier, pour divorcer, pour déménager...

Ainsi, les premiers conflits et donc les premières mémoires erronées peuvent provenir de la vie intra-utérine ou du jour de l'accouchement. Ces situations seraient même très fréquentes.

Mais l'origine du cycle des conflits peut remonter encore plus loin dans le temps. Voyons cela dans le paragraphe suivant.

Le cycle familial des conflits

Certains auteurs comme Anne Ancelin Schützenberger[6] ou Paola Del Castillo[7] retrouvent une origine familiale à de nombreux conflits. C'est ce qui a donné naissance à ce qui est maintenant appelé la psychogénéalogie[8]. Il est vrai que les situations se répètent souvent de génération en génération : cancer du sein, divorce au même âge, ruine... ce qui laisse à penser que des mémoires erronées ont été transmises de père en fils ou de mère en fille.

Plusieurs éléments peuvent étayer – voire expliquer – cette thèse du cycle familial des conflits. Il y a d'abord l'hérédité qui provient de celle de ses parents et bien sûr, au travers d'eux, de ses aïeux. Mais il ne faut pas oublier aussi l'éducation donnée par les parents qui transmettent ainsi à l'enfant, comme nous l'avons vu, leurs peurs, leurs valeurs et leurs croyances… et donc leurs mémoires erronées. Ainsi, l'inné obtenu par l'hérédité familiale et l'acquis réalisé par l'éducation parentale peuvent déjà expliquer en grande partie la survenue de situations identiques chez les enfants et leurs parents ou leurs grands-parents.

6. Voir par exemple *Exercices pratiques de psychogénéalogie pour découvrir ses secrets de famille,* Payot & Rivages, 2011.

7. *La psychogénéalogie appliquée,* Quintessence, 2002.

8. Définition de Wikipédia : « *Théorie lancée par le professeur Anne Ancelin Schützenberger de l'université de Nice, selon laquelle les événements, traumatismes, secrets, conflits… vécus par les ascendants d'un sujet conditionneraient ses troubles psychologiques, ses maladies, et ses comportements étranges ou inexplicables.* »

Nous traiterons plus loin l'épigénétique[9] qui constitue une nouvelle découverte dans le domaine de la génétique et montre que l'expression des gènes est influencée par le mode de vie et les événements survenant dans la vie. Ainsi, ce qu'ont vécu vos aïeux a modifié leurs gènes. Et ces modifications se sont ensuite transmises aux générations suivantes. Ce phénomène épigénétique permet de comprendre l'importance de la génétique dans les cycles familiaux des conflits.

Si nous prenons l'exemple d'un cancer du sein retrouvé chez une mère puis chez sa fille quelques décennies plus tard, il est possible d'avancer plusieurs explications à ce phénomène :
– la présence de gènes cancéreux qui ont été transmis de la mère à la fille comme les gènes héréditaires BRCA1 et BRCA2 ;
– les habitudes de vie identiques, enseignées par les parents à leur enfant depuis l'enfance : alimentation, alcool, tabac, activités sportives et autres ;
– une manière de penser identique, inculquée également depuis l'enfance : ceci est bien, ceci est mal, « tu es gentil », « tu es bête », etc. qui sont sources de peurs, de valeurs et de croyances. Il s'agit ici d'une sorte de « filtre

9. Branche de la génétique qui s'intéresse à l'influence de l'environnement et du vécu des personnes sur l'expression des gènes.

familial » par lequel l'enfant regardera le monde pendant toute sa vie ;
– le mimétisme des enfants par rapport à leurs parents. Cela se retrouve à l'âge adulte par des métiers identiques et par des attitudes identiques : père et fils alcooliques, mère et fille divorcées au même âge, etc. L'enfant devenu adulte recrée inconsciemment les mêmes situations que celles vécues par ses parents (souvent aux mêmes âges), les bonnes comme les moins bonnes.
En définitive, il n'est pas évident d'affirmer la raison exacte pour laquelle cette jeune fille fait le même cancer que sa mère. Quoi qu'il en soit, ce problème est bien passé d'une génération à l'autre.

Un autre exemple nous est fourni par Louise qui n'avait pas trouvé l'homme de sa vie. Elle décida tout de même d'avoir un enfant. Aussi choisit-elle un « géniteur » dont elle eut un enfant qu'elle éleva seule. Quelques années plus tard, en réalisant son arbre généalogique, elle s'aperçut avec étonnement qu'elle avait une grand-tante dénommée également Louise qui était fille-mère. Elle retrouva encore le même phénomène plus loin chez ses aïeux, une autre femme avait été également fille-mère. Ainsi, dans cette famille se trouvent trois femmes (dont deux qui ont le même prénom) qui ont élevé seules un enfant. Il est difficile, dans ce cas, de parler de coïncidence !

Selon la psychogénéalogie, ce seraient surtout *les sept dernières générations* qui influenceraient l'hérédité d'un individu et donc qui pourraient transmettre des mémoires erronées à leurs descendants. Pour les générations plus anciennes, les mémoires seraient effacées, comme diluées dans le temps. Cela semble logique, sinon il nous faudrait remonter à Adam et Ève. Même si certains voudraient nous faire toujours porter la charge de la « faute » d'Adam et Ève au Paradis !

Parmi les sept générations qui influencent les individus, il semble que ce soit celle des grands-parents qui soit prédominante, peut-être même avant celle des parents.

Il existerait fréquemment une sorte de « contrat familial » réalisé dans l'inconscient familial, qui donnerait une place particulière ou une mission particulière à l'enfant qui vient de naître, comme de s'occuper de ses frères et sœurs, ou de faire le lien entre tous les membres de la famille, ou encore de s'occuper de ses parents ou de ses grands-parents. Un autre exemple nous est fourni par Salomon Sellam, qui décrit *Le syndrome du Gisant*[10]. Il explique dans son livre que de nombreux enfants se trouvent chargés par le contrat familial de remplacer un membre de la famille qui vient de disparaître (un oncle mort à la guerre, un frère décédé dans un accident…). Le choix même du prénom du nouveau-né prédispose à ce remplacement : Gisèle (gît-s-elle), René (re-naît)... L'enfant qui arrive n'a, quant à lui, pas

10. Livre de Salomon Sellam, *Le syndrome du Gisant – un subtil enfant de remplacement*, Bérangel, 2004.

été informé de cette charge qui lui est imposée plus ou moins inconsciemment par la famille. Aussi s'y pliera-t-il difficilement et à contrecœur. Mais le jour où il prend conscience de ce poids que la famille lui a imposé, la vie s'éclaire et les couleurs apparaissent enfin, alors que tout n'était que noir et mort jusqu'alors !

Ho'oponopono pourra aussi l'aider à effacer cette mémoire, car même si elle semble avoir été réalisée par sa famille, il n'en demeure pas moins que la personne est tout de même la créatrice de cette situation.

Il est d'ailleurs troublant de constater que le simple fait de découvrir une origine familiale à un conflit – qui est souvent un secret de famille, mais aussi la mémoire erronée familiale – suffit fréquemment à lui seul à le comprendre et à lui apporter une solution. Car cette découverte agit en quelque sorte comme un véritable révélateur. C'est comme si la personne connaissait depuis toujours la réponse à son problème, mais qu'elle refusait de la voir. Aussi, lorsque la cause familiale est mise au jour, lorsqu'elle se trouve verbalisée, la personne sent immédiatement dans son for intérieur que c'est la vérité, et tout devient possible. Elle ne désire plus alors qu'une seule chose : être libérée de ce contrat, c'est-à-dire être libérée de cette mémoire erronée familiale. Elle fait, en quelque sorte, Ho'oponopono sans même le savoir !

Ainsi, les conflits, les situations, les problèmes tendent à se répéter de génération en génération. Ils se répéteront encore et encore, jusquà ce qu'enfin un maillon de cette chaîne familiale apporte une solution au conflit – la mémoire erronée –, cassant ainsi ce cycle infernal. Cela libérera du même coup les aïeux de cette charge, mais cela dispensera aussi les enfants d'avoir à faire face eux-mêmes à ce type de problème !

Le cycle des vies antérieures et le karma

Encore plus loin dans le temps, il est possible de retrouver l'origine du cycle d'un conflit dans ses vies antérieures pour ceux qui croient en la réincarnation – et il faut rappeler qu'ils sont largement majoritaires sur cette planète. De plus, la réincarnation aurait été rayée de la foi chrétienne par le 2e concile œcuménique de Constantinople en 553, en même temps qu'elle a condamné Origène et l'origénisme[11]. Par ailleurs, pour la biologiste et physicienne Jacqueline Bousquet[12], la réalité de la réincarnation serait même prouvée mathématiquement !

De nombreux chercheurs – dont le célèbre Patrick Drouot[13] – ont fait remonter des individus dans leurs vies antérieures grâce à des techniques s'apparentant à l'hypnose. Les résultats furent très troublants, comme pour cette personne qui a découvert que l'origine de son asthme provenait de sa mort dans une chambre à gaz lors d'une vie antérieure. Une autre a compris que ses

11. Doctrine très répandue, à l'époque, d'Athènes à Alexandrie, qui professait la réincarnation. La décision de condamner l'origénisme reviendrait à l'empereur Justinien et non au pape Vigile.

12. Voir www.arsitra.org.

13. Patrick Drouot, *Nous sommes tous immortels*, Éditions du Rocher, 2005.

douleurs chroniques dans la poitrine provenaient du coup de poignard qu'elle avait reçu dans une vie antérieure, et qui avait entraîné sa mort.

De la même manière, vos problèmes dans votre vie actuelle pourraient être la conséquence de votre conduite dans une autre vie. C'est ce qui a été dénommé la « charge karmique ». Ainsi, si vous avez été odieux avec les pauvres et les indigents dans une vie, vous deviendriez l'un d'eux dans la suivante. Si vous avez été infidèle avec votre épouse dans une vie, vous serez la femme ou le mari trompé dans la vie suivante !

Ceci est bien sûr très schématique. Car en réalité, c'est souvent beaucoup plus subtil que cela. Mais cela répond à la loi du « karma », cette loi de la cause et de sa conséquence. Chaque action de cette vie aura des conséquences sur votre karma et donc sur les situations vécues dans les vies postérieures. En comprenant cette loi karmique, l'enseignement : « *Ne faites rien aux autres que vous ne voudriez que l'on vous fasse !* » prend tout son sens et est en fait un conseil très égoïste. Car ce conseil constitue la meilleure manière de préserver votre (bon) karma et donc votre avenir dans votre incarnation suivante.

Ainsi, une charge karmique peut être à l'origine
d'une mémoire erronée dans votre vie présente,
qui sera source de situations désagréables.
Vous la retrouverez de vie en vie jusqu'à ce qu'enfin
vous y apportiez une solution ou que vous l'effaciez.
Merci Ho'oponopono !

Vous êtes le seul créateur

L'origine des conflits répétitifs peut se trouver dans le passé de votre vie présente, dans vos vies antérieures, voire dans les vies de vos aïeux. Mais en fait, l'origine du problème importe peu. Il n'est pas indispensable de la connaître avec Ho'oponopono.

Car de toutes façons, c'est vous et vous seul qui êtes le créateur de ce qui vous arrive dans votre vie. C'est vous seul qui avez choisi la famille où vous êtes né, celle qui correspond exactement à votre karma, celle qui va vous permettre de répondre à la question que vous vous posez, celle qui va générer le conflit que vous n'avez pas su régler dans votre vie passée. C'est vous seul le créateur de cette situation, encore une fois. Il ne vous reste plus qu'à la résoudre pour effacer cette charge karmique et continuer votre évolution.

Vous vous êtes choisi – vous seul – l'endroit idéal pour créer le conflit.

À quoi servent les conflits ?

Une situation est « conflictuelle » parce qu'elle touche un de vos points névralgiques, c'est-à-dire une de vos faiblesses. Par exemple, si vous avez une inimitié sans raison apparente pour une personne, cela vient du fait qu'elle représente pour vous, inconsciemment, un aspect de vous-même que vous refusez ou que vous n'aimez pas.

Le conflit, la situation désagréable, le problème survient pour vous montrer l'existence de cet aspect de votre personnalité que vous ne voulez pas voir. Si vous ne le réglez pas, la vie va vous imposer régulièrement – cycliquement – et de plus en plus fort, le même conflit, jusqu'à ce qu'enfin vous acceptiez d'y prêter attention… dans cette vie ou dans la suivante.

En définitive, le conflit est là pour vous obliger à travailler sur cette partie de vous-même que vous n'aimez pas. Sa solution ou son effacement va permettre de lever un blocage qui vous empêchait d'évoluer. Ainsi, lorsque vous résolvez un problème ou un conflit psychologique, vous en sortez changé, voire transformé et votre évolution personnelle peut alors reprendre.

C'est l'aspect admirable de Ho'oponopono que de solutionner les conflits très simplement en acceptant qu'ils viennent de vous – d'où que ce soit – et qu'en les effaçant, en se changeant, cela va les faire disparaître définitivement.

La mémoire des événements

« Connaître, ce n'est point démontrer, ni expliquer.
C'est accéder à la vision. »
Antoine de Saint-Exupéry

Vous vivez tous les jours de nombreuses expériences. Des millions d'informations arrivent quotidiennement à votre cerveau. Il lui faut faire le tri de ce qu'il va garder en mémoire et de ce qu'il va effacer. C'est du moins ce que considère la médecine conventionnelle.

Durant le sommeil, le cerveau effectue une mémorisation faisant la sélection des souvenirs qu'il va conserver et éliminant les autres. Or, durant cette période de repos, votre organisme n'a plus à dépenser d'énergie pour ses activités comme il le fait dans la journée : marche, digestion, concentration, mouvements... Il peut alors concentrer toute son énergie à la restauration du corps et à la gestion des souvenirs.

Les cycles de sommeil

Une nuit de sommeil est constituée de quatre à six cycles composés chacun de quatre phases :
– le sommeil léger ou éveil calme constitué d'ondes alpha (8 à 13 Hz) ;
– le sommeil lent léger caractérisé par des ondes thêta (4 à 7 Hz), phase durant laquelle le dormeur perd le contact avec son environnement ;
– le sommeil lent profond caractérisé par des ondes delta très lentes (0,5 à 4 Hz). C'est la période la plus profonde du sommeil. Cette phase contribue à la gestion des informations qui seront ensuite traitées lors du sommeil paradoxal ;

– le sommeil paradoxal, qui est caractérisé par des ondes thêta puis alpha. Les rêves y sont intenses et comportent environ 65-70 % de résidus de la dernière journée et 30-35 % des deux jours précédents. Il s'agit d'une étape importante de la mémoire à long terme, de la gestion des émotions et de l'équilibre psychique.

Le sommeil permet au cerveau de consolider les apprentissages et d'intégrer les informations dans la mémoire à long terme. Seules les informations pertinentes, utiles ou importantes seront conservées, les autres seront jetées pour faire de la place à celles qui vont arriver durant la journée suivante. Ceci constitue la version officiellement admise par la médecine. Mais nous pouvons douter de sa complète véracité.

Les expériences auxquelles j'ai participé en sophrologie, au Centre d'orientation comportementale et psychologique de Paris dans les années 1980, m'ont montré que tous les événements de la vie sont conservés dans la mémoire humaine.

Ainsi, un homme de 60 ans était tout à fait capable de se rappeler, avec une grande précision, comment il était habillé le jour de ses premiers pas, ce qu'il avait mangé à son petit déjeuner, ce qu'il avait fait durant cette journée-là, etc. Il est très impressionnant de constater la capacité phénoménale de notre mémoire lorsque le mental et le conscient sont court-circuités comme lors d'une séance de sophrologie. Dans ces états modifiés de conscience, on peut constater que la personne a conservé toutes les informations de sa vie, des plus petites et insignifiantes aux plus traumatisantes.

Cette mémoire « totale » est donc là, présente – pas forcément dans le cerveau – mais vous n'y avez pas directement accès, contrairement à la mémoire habituelle qui vous sert dans la vie de tous les jours. Vous n'avez plus accès par exemple aux leçons d'histoire que vous avez apprises par cœur lorsque vous étiez dans le primaire. Pourtant, elles sont toujours là quelque part, inscrites dans votre mémoire.

Devant cette capacité phénoménale de la mémoire constatée dans les états sophroniques, il est logique de penser à toutes ces petites contrariétés, toutes ces petites rancœurs, toutes ces petites frustrations que vous avez vécues, dont vous ne vous souvenez plus consciemment, qui sont pourtant toujours présentes dans les replis de votre mémoire et qui peuvent être source de mémoires erronées… à effacer.

Psychologie et Ho'oponopono

« Il faut vivre comme on pense,
sans quoi on finira par penser comme on a vécu. »
Paul Bourget

La psychologie s'est beaucoup intéressée au fonctionnement des phénomènes psychiques de l'être humain, c'est-à-dire à sa vie mentale. Les explorations qu'elle a effectuées l'ont incitée à distinguer, au sein du psychisme humain, un conscient qui vous permet d'appréhender votre existence et le monde extérieur ; ainsi qu'un inconscient qui représente la face cachée de votre psychisme, la partie immergée de l'iceberg. Or, tous les individus croient que c'est leur conscient qui effectue les choix, qui prend les décisions et qui organise leur vie. Alors qu'en fait, aux dires des psychologues, nous sommes tous dotés d'un conscient et d'un inconscient, mais ce n'est pas celui auquel nous pensons habituellement qui nous dirige !

Comprenez que ce n'est pas votre conscient qui pilote, mais bien votre inconscient, votre face cachée.

Voyons maintenant comment le psychisme gère un événement traumatisant survenant dans votre vie. Le souvenir du traumatisme va, dans un premier temps, hanter votre esprit jusqu'à ce que vous le digériez, l'acceptiez ou lui trouviez une solution. Mais si aucune solution n'est trouvée, ou si le choc émotionnel est trop douloureux et/ou s'il persiste depuis trop longtemps, le psychisme va faire en sorte de soulager la tension psychique, en déplaçant le conflit du conscient vers les oubliettes, c'est-à-dire vers l'inconscient. Dans ce mécanisme automatique, ce qui est fâcheux, c'est que le conflit n'est toujours pas résolu pour autant. Il demeure actif et continue à générer en vous de l'anxiété. Le problème, alors, est que vous vous sentez angoissé mais vous ne savez plus pourquoi : forcément, puisque le conflit se trouve maintenant dans votre inconscient.

Ainsi, même si vous n'en avez plus conscience, même si vous ne vous rappelez plus de lui, ce conflit continue de créer en vous du stress, des angoisses ou de la déprime. Mais aussi, il continue d'attirer à lui de nouvelles situations désagréables du même ordre que lui.

Or, l'inconscient est très puissant. Car rappelez-vous, toutes vos décisions sont le fruit de motivations inconscientes. Vous croyez avoir choisi tel travail parce qu'il était le mieux pour vous, pécuniairement ou pour votre avancement professionnel ? Pas du tout ! Ces raisons sont celles qui ont été avancées par votre conscient pour vous donner le change. La véritable raison est par exemple que vous l'avez choisi pour faire plaisir à vos parents et ainsi attirer leur reconnaissance ou, au contraire, pour mieux saboter votre carrière parce qu'une croyance inconsciente vous dit que vous ne valez rien. Ces processus sont totalement inconscients. Ils sont issus de vos vieux conflits non résolus, de vos croyances, de vos peurs qui sont présents dans votre inconscient et qui sont devenus autant de « mémoires », c'est-à-dire de programmes, qui vous dirigent. Les bonnes mémoires aideront à votre avancement (ce qui est rarement le cas dans les situations conflictuelles), les mauvaises généreront de nouvelles situations déplaisantes.

Ainsi, la psychologie explique parfaitement que vos conflits, ainsi que les émotions qui s'y rattachent, lorsqu'ils ne sont pas réglés, finissent par passer dans votre inconscient – devenant ainsi des mémoires erronées qui continuent à diriger votre vie en influençant directement vos décisions et vos actions.

C'est pourquoi il est important de remercier les événements désagréables de s'être manifestés dans votre vie. Car ils vous montrent l'existence des mémoires erronées que vous avez dans votre inconscient – et que vous ne connaissiez pas – et qui vous dirigent à votre insu. Leur mise en évidence, par l'événement désagréable, vous permet de demander leur effacement, vous libérant du même coup de leur tyrannique présence inconsciente. En d'autres termes, la psychologie démontre que les mémoires erronées qui sont responsables de situations désagréables dans votre vie proviennent de votre inconscient. C'est pour cela que vous ne saviez pas que vous les aviez. Il a fallu que surviennent ces événements déplaisants pour que vous preniez conscience de leur existence. Il ne vous reste plus qu'à faire Ho'oponopono !

Attention !

Il est évident que dans les situations graves ou en cas de trouble psychologique intense, Ho'oponopono ne remplace pas les techniques existantes que sont la psychiatrie, la psychologie ou la psychanalyse, mais il les complète. Ho'oponopono est un art de vivre, un outil d'évolution et non un traitement.

Le rêve

Pour Freud, le rêve est le fruit de votre inconscient. Il est la manifestation de vos pulsions et de vos désirs inconscients. Le rêve exprime ce que vous gardez caché en vous de manière consciente ou inconsciente. Il est une sorte d'exutoire ou de soupape permettant de libérer les tensions trop fortes qui étaient présentes dans votre inconscient afin de maintenir votre conscient en équilibre. L'évocation d'un souvenir lors d'un rêve indique généralement qu'il est temps pour lui d'être solutionné. C'est pourquoi les rêves sont une autre manière d'appréhender les mémoires erronées enfouies au fond de vous. Il est donc intéressant de faire Ho'oponopono sur les souvenirs ainsi ressortis lors de vos activités oniriques.

Épigénétique et Ho'oponopono

« Il n'y a qu'une façon d'échouer,
c'est d'abandonner avant d'avoir réussi. »
Olivier Lockert

Depuis toujours, la médecine conventionnelle considère que les gènes des individus sont acquis une fois pour toutes lors de la conception et qu'ils sont immuables jusqu'à leur mort. Seules des mutations – produites accidentellement par des rayonnements ou des polluants – la plupart du temps délétères, voire cancérigènes, sont capables de modifier ce génome.

Mais les découvertes en épigénétique[14] obligent à changer ce point de vue. Car elles montrent que votre environnement et les événements survenant au cours de votre vie peuvent changer l'expression de vos gènes.

Tout a commencé en 1942, lorsque le biologiste Conrad Waddington[15] évoqua des phénomènes épigénétiques pour expliquer les implications de l'environnement sur les gènes et le phénotype[16] d'un être humain. Cependant, il a fallu attendre ces vingt dernières années pour que l'épigénétique entre enfin – très timidement – dans le domaine de la recherche moderne. Pourtant, elle révolutionne complètement la pensée médicale et peut conduire à des compréhensions novatrices dans la genèse des maladies ainsi qu'à de nouvelles voies thérapeutiques.

Les premières observations en épigénétique ont été effectuées par des chercheurs scandinaves. Elles ont mis en évidence que le stress, la pollution[17] (y compris *in utero*[18]), la mauvaise alimentation[19], les périodes de famine, le tabagisme et même les fécondations *in vitro* (FIV[20]) peuvent modifier les gènes des

14. Voir note 9 p. 63.
15. Conrad Hal Waddington (1905-1975), biologiste, paléontologue et généticien.
16. Phénotype : ensemble des caractères observables d'un individu.
17. *Quotidien du Médecin* du 16/06/2008.
18. *Quotidien du Médecin* du 16/02/2009.
19. *Sciences et Avenir* du 28/10/2008.
20. *Médecine de la reproduction*, vol. 8, n°3, mai-juin 2006.

individus. Elles ont également mis en évidence que ces changements étaient transmissibles[21] aux enfants et aux petits-enfants… qu'ils étaient donc héréditaires.

Il faut comprendre que ces modifications ne vont pas « changer » les gènes, c'est-à-dire qu'elles ne vont pas enlever un gène pour le remplacer par un autre. Il ne s'agit pas de cela. Ces changements vont intéresser simplement l'expression des gènes. Cela signifie qu'ils vont les ouvrir ou les fermer selon les circonstances, avec tous les intermédiaires possibles entre ces deux extrêmes. C'est ainsi qu'un gène pourra devenir actif alors qu'il était éteint et inversement. Il ne s'agit donc pas de mutations, mais de modifications des gènes sans changement de l'ADN.

L'ADN humain est constitué de 30 à 35 % de gènes codants « qui s'expriment » et de 65 à 70 % de gènes dits « silencieux », qui constituent sa partie intronique[22]. Or, l'épigénétique est capable de fermer des gènes codants pour ouvrir – permettant ainsi leur expression – des gènes jusque-là silencieux. Cela indique que son champ est vaste au regard de la grande part de gènes inexprimés présents sur l'ADN.

Pour « éteindre » un gène, il suffit que soit placé un groupe méthyle (CH_3) à la place d'un atome d'hydrogène (H) sur une base azotée du gène. La séquence d'ADN devient alors muette et ne peut plus fabriquer de protéines effectrices. Or, ce sont ces dernières qui produisent l'action du gène.

21. *Sciences et Avenir* du 28/10/2008.

22. Intron : partie de gène non codante.

Ces dernières années, de nombreuses études passionnantes ont été réalisées sur les phénomènes épigénétiques. Elles ont permis par exemple de démontrer que le mode de vie des grands-parents influençait l'espérance de vie des petits-enfants. Une autre étude effectuée sur 600 personnes[23] a mis en évidence que les modifications épigénétiques étaient beaucoup plus fréquentes qu'on le pensait auparavant. En effet, dans ce groupe, environ un tiers des personnes présentaient déjà des modifications notables dans leur génome, en simplement dix ans de vie.

L'épigénétique n'est donc pas un phénomène marginal mais bien un processus très fréquent. Il pourrait fort bien expliquer, par exemple, l'augmentation des maladies avec l'âge, comme le cancer ou la maladie d'Alzheimer.

Les dernières recherches dans ce domaine ont établi qu'un certain nombre de maladies tiraient (en partie) leur origine de phénomènes épigénétiques. Ce sont notamment le cancer[24], l'obésité[25], le diabète de type 2[26], , l'allergie[27], l'asthme, l'autisme, la schizophrénie et la maladie d'Alzheimer. Il est à peu près certain que dans l'avenir, de nombreuses autres maladies vont s'ajouter à cette liste non exhaustive.

23. *Sciences et Avenir* du 27/06/2008.

24. *Centre national de la recherche scientifique* du 29/11/2006.

25. *Revue médicale suisse* du 28/02/2007.

26. *Quotidien du Médecin* du 16/06/2008.

27. *Quotidien du Médecin* du 16/06/2008

Une autre étude, appelée GEMINAL (Gene Expression Modulation by Intervention with Nutrition And Lifestyle), parue dans *Proceedings* de l'Académie des sciences américaine[28], est passionnante par les ouvertures qu'elle apporte. En effet, elle s'est intéressée à l'évolution de l'expression des gènes d'hommes atteints de cancer de la prostate, à la suite de changements dans leur mode de vie et en dehors de tout traitement, conventionnel ou non.

C'est ainsi que les chercheurs ont commencé par étudier le génome d'une trentaine de volontaires qui avaient refusé tous les traitements conventionnels, mais qui ont accepté d'entrer dans cette étude. Ils avaient tous un taux de PSA[29] inférieur à 10 ng/ml et un score de Gleason[30] à 6 sur les biopsies.

Le protocole qu'ils ont suivi pendant trois mois consistait en :

– modification de leur alimentation qui devait être pauvre en lipides et riche en aliments complets et en crudités ;

– supplémentation en soja, en sélénium, en huile de poisson et en vitamines C et E ;

– gestion du stress grâce au yoga, au stretching ou à la relaxation, pendant une heure par jour ;

– marche pendant trente minutes par jour ;

– groupe de soutien une fois par semaine.

28. *Quotidien du Médecin* du 20/06/08, *Proceedings of the National Academy of Sciences*, vol. 105, n° 24, pp. 8369-8374.

29. PSA : Prostatic Specific Antigen : marqueur sanguin du cancer de la prostate.

30. Score de Gleason : indicateur de l'agressivité d'un cancer qui va de 2 à 10, 10 correspondant aux cancers les plus agressifs et les plus évolutifs.

Après cette période, de nouvelles biopsies tumorales avec étude de leur génome ont été réalisées. Elles ont mis en évidence de nombreuses modifications génomiques favorables, notamment la sous-régulation (diminution de l'expression) de certains gènes cancéreux comme les oncogènes de famille RAS (RAN, RAB14 et RAB8A) et le gène SHOC2 qui favorisent l'activation des androgènes et de la division cellulaire. Les gènes activateurs de facteur de croissance (IGF) ont aussi été sous-régulés. Par ailleurs, les PSA libres (marqueurs prostatiques) étaient améliorés chez les trente participants.

Ainsi, un changement d'habitudes dans le mode de vie peut changer l'expression de gènes cancéreux en simplement trois mois... ce qui va contribuer énormément à la guérison de cette terrible maladie en complément, bien entendu, des traitements conventionnels.

Cette étude confirme aussi que le psychisme – par la gestion du stress et par l'expression verbale des conflits, qui sont inclus dans le protocole – intervient de manière notable dans les processus épigénétiques. Cette notion avait déjà été observée par les premiers chercheurs qui avaient noté que les vécus personnels des personnes[31] étaient capables de produire des modifications au niveau de leur ADN. Cela signifie donc que votre pensée et vos émotions peuvent interférer sur l'expression de vos gènes.

31. *Sciences et Avenir* du 27/06/2008 et *Sciences et Avenir* du 28/10/2008.

Ceci rejoint les expériences de Wladimir Popenon[32], en 1990, puis de l'Institut HeartMath (Californie) qui sont tout à fait révolutionnaires. Elles ont démontré que :

– l'ADN réagissait immédiatement aux émotions de son ancien hôte[33] même si celui-ci en était éloigné de plusieurs centaines de kilomètres. Les vibrations émises par l'ADN augmentaient ou diminuaient selon les sentiments ressentis, et la distance comme le temps n'avaient aucune influence sur ce phénomène ;

– la structure de l'ADN se modifiait en fonction des émotions de son ancien hôte. Ses spires avaient tendance à se détendre avec les pensées d'amour et à se resserrer avec des pensées agressives ;

– l'ADN du corps a une influence directe sur la matière et donc sur le monde. Cela fut démontré en particulier par son action sur les photons, qui sont des particules de lumière. Elles s'ordonnaient en présence d'ADN et, chose remarquable, elles demeuraient ordonnées même lorsque l'ADN était enlevé.

32. Physicien russe dont les propos ont été relayés par Gregg Braden sur www.club.doctissimo.fr/webbot/alimentation-sante-environnement-297643/video/science-miracles-braden-12636303.html.

33. *Nexus*, novembre-décembre 2004, pp. 44-45.

La structure de l'ADN pourrait être comparée à celle du langage où les molécules seraient comme des lettres d'un alphabet[34]. De plus, elle semble pouvoir aisément être reprogrammée à l'aide de mots ou de vibrations (sons, pierres, lumières, rayonnements…).

Ainsi, vos émotions et vos pensées seraient capables de changer votre ADN, qui lui-même, en agissant sur la matière, changerait votre univers. Ce mécanisme explique parfaitement le fonctionnement de Ho'oponopono : l'effacement d'une mémoire erronée apporte un changement dans vos émotions/pensées, ce qui conduit immédiatement à des changements dans votre ADN qui, à son tour, va changer votre environnement grâce à son action sur la matière.

Les processus épigénétiques permettent donc de mieux appréhender, voire d'expliquer en partie, le processus d'action de Ho'oponopono.

34. *Les yeux d'Uranie,* François Sauvageot, Institut des sciences de la communication du CNRS (ISCC).

Les racines chamaniques de Ho'oponopono

« Le nouveau est toujours au dedans et jamais au dehors, tout est en toi et non en dehors de toi. »
Gitta Mallasz, *Dialogues avec l'ange*

Le chamanisme

Le chamanisme est pratiqué sur notre planète depuis plusieurs millénaires. Certains auteurs affirment que le chamanisme aurait débuté en Sibérie ou en Asie centrale. Mais son caractère ubiquitaire sur l'ensemble de notre planète en fait douter. De plus, le chamanisme fut largement utilisé en Europe. La plupart des cavernes préhistoriques furent autrefois des lieux de cérémonies où des voyages chamaniques étaient régulièrement réalisés. Les druides furent, en leur temps, de grands chamanes. En Grèce, Platon parle des chamanes comme étant des prêtres divins qui utilisent des techniques permettant de quitter leur corps.

De transmission orale, le chamanisme a disparu de certaines régions, mais il demeure toujours vivace chez certains peuples comme les Mongols, les Amérindiens et les aborigènes d'Australie.

Le chamanisme est très lié à la pensée animiste, qui voit la présence d'esprits dans tous les éléments de la nature comme les plantes, les roches, le vent ou la pluie. Tout serait animé de vie et donc digne du plus grand respect.

Le chamane fait le lien entre le monde des hommes et celui des esprits. Il voyage dans le monde de l'invisible pour aller y chercher des réponses aux questions que se pose la tribu (lieu de campement, emplacement de chasse…) ou un membre de la tribu (maladie, souci relationnel, problème conjugal…).

Les origines de Ho'oponopono

À son origine, Ho'oponopono était un rituel utilisé par les populations des villages dans les îles Hawaii pour résoudre les problèmes communautaires. Il s'agissait d'un procédé de réconciliation. Il consistait à réunir tous les habitants de la tribu afin qu'ils partagent leurs problèmes et leurs conflits. Une fois cela réalisé, chacun demandait pardon pour les pensées inadaptées voire erronées qu'il avait émises et qui étaient à la source du problème.

Or, en ces temps-là, Ho'oponopono était organisé par les chamanes. Il s'inscrivait dans la démarche du respect des « esprits » qui était liée aussi au Divin. C'est ainsi que les pensées émises et les actions réalisées par les hommes, si elles provenaient de mémoires erronées, pouvaient venir troubler le monde des esprits. Elles risquaient aussi d'appeler – ou de créer – des entités perturbatrices. Ho'oponopono était donc utilisé comme technique de réconciliation entre les membres du village, mais il servait aussi – surtout – à ce que la tribu demeure en parfaite harmonie avec les esprits de la nature qui l'entouraient. Cela lui permettait aussi de s'attirer leurs bonnes grâces.

Ho'oponopono moderne

Avec le temps, ce rituel fut un peu oublié. Il fallut attendre la seconde moitié du XXe siècle pour qu'une chamane hawaïenne, Morrnah Nalamaku Simeona, remette ce rituel au goût du jour. Elle était *kahuna lapa'au*, c'est-à-dire guérisseuse et gardienne du secret (*kahuna* signifie « gardien du secret » et *lapa'au* « spécialiste guérisseur »).

Morrnah explique : *« Nous sommes l'accumulation de toutes nos expériences, ce qui revient à dire que nous sommes chargés de nos passés. »* La mémoire provenant de chaque expérience est stockée sous forme de pensée dans le corps éthérique, qui est le corps subtil le plus proche du corps physique.

Inspirée de l'ancien rituel, elle conçut un nouveau protocole qui se pratique seul, sans l'aide de personne. Il fait appel à la Divinité qui est en chacun, pour guérir les pensées et les mémoires perturbatrices. Il s'agit donc d'un processus de réconciliation avec soi-même grâce à l'énergie de l'amour.

Ho'oponopono nous dit que nous sommes les créateurs de ce qui nous entoure, et qu'en changeant nos pensées, nous pouvons rendre harmonieuse la vie que nous vivons. Cela n'est donc pas très éloigné du point de vue chamanique de la méthode ancestrale. En effet, celle-ci considérait que les pensées erronées des individus avaient une action délétère sur les esprits qui habitaient autour d'eux et qui, en retour, leur envoyaient des situations désagréables. Inversement, en positivant leurs pensées et en effaçant leurs mémoires erronées, ces mêmes individus retrouvaient l'harmonie avec les esprits du monde invisible et obtenaient ainsi leurs bonnes grâces.

La constitution de l'être humain

Ho'oponopono permet de recréer l'équilibre entre le monde extérieur (visible et invisible) et le monde intérieur. Or, celui-ci, que l'on peut appeler « l'identité de soi », est composé de quatre éléments :

– *unihipili* ou subconscient, qui stocke la mémoire des expériences passées et les émotions ;

– *uhane* ou conscient qui correspond à notre raison et à notre intelligence ;

– *aumakua* ou Moi supérieur (âme) qui se situe dans une autre dimension ;

– Étincelle ou Intelligence divine où se créent l'identité de soi et les inspirations.

L'idéal est que ces quatre parties demeurent en équilibre. Il est intéressant de noter que la médecine actuelle pense la même chose à propos du conscient et de l'inconscient (elle ne parle pas, bien sûr, de l'âme ni de l'étincelle divine) qui doivent rester en équilibre pour la santé mentale des individus.

Le but de Ho'ponopono est de recréer l'équilibre entre les quatre parties de votre identité, afin que vous puissiez vous reconnecter avec votre étincelle divine (ou Divinité intérieure) et retrouver votre paix intérieure. Pour Morrnah Nalamaku Simeona : « *La paix commence avec soi.* » Elle ajoutait : « *Nous sommes ici seulement pour apporter la paix dans notre vie, et si nous apportons la paix dans notre vie, tout autour de nous retrouve sa place, son rythme et la paix.* »

Selon la vision chamanique, Ho'oponopono permet de retrouver son équilibre autant intérieur qu'extérieur, avec soi-même et avec les esprits de la nature.

Les êtres humains sont alourdis par leur passé.
Lorsqu'ils ressentent du stress ou de la peur,
ils devraient regarder à l'intérieur d'eux-mêmes.
Ils constateraient alors que la cause de leur malaise
provient de l'une de leurs mémoires.
Il leur suffirait alors de l'effacer
pour que le stress ou la peur disparaisse.

Les Cathares[35]

La religion cathare se développa rapidement dans le sud de la France, notamment dans le Languedoc, tant la simplicité et la beauté de ses préceptes étaient éclatantes, surtout comparées à celles de l'Église chrétienne de l'époque. Les véritables Cathares ne demeuraient pas dans des châteaux, mais vivaient dans des grottes ou des cabanes, grâce aux dons des habitants avec qui ils partageaient le labeur.

La religion cathare était en avance sur son époque. Elle parlait d'un Dieu unique et bon ainsi que des enseignements de Jésus-Christ. Sa doctrine était proche de celle des premiers chrétiens, avant l'institution des dogmes par l'Église, qui en modifièrent le sens. Les Cathares prêchaient l'humilité, la compassion et l'amour. Ils estimaient que chaque individu était capable d'entrer en relation avec Dieu par lui-même, sans intermédiaire religieux.

Les parfaits – hommes et femmes à égalité – constituaient la prêtrise de cette religion. Ils vivaient une vie d'ascèse et transmettaient la bonne parole dans les campagnes. Ils espéraient ainsi pouvoir sortir du cycle des réincarnations et demeurer dans l'autre monde – le monde de Dieu – sous la forme d'entités esprit-âme-corps de lumière. La

35. À lire : *Les Cathares, du Graal au secret de la mort joyeuse,* Jean Blum, Éditions du Rocher, 1999 ; *La voie parfaite,* Jean-Claude Genel, Éditions des 3 Monts, 2006 ; Maurice Griffe, *Les Cathares*, TSH, 2006 *Le Baptême d'esprit,* Jean-Yves Pahin, Amrista, 1993.

formation des parfaits était longue. Elle nécessitait une âpre initiation qui les mettait en contact avec eux-mêmes mais aussi avec les esprits de la nature, avec qui ils communiquaient et pour lesquels ils avaient le plus grand respect. Cela faisait d'eux de grands chamanes. Ils étaient aussi les héritiers des écoles des Mystères.

La doctrine cathare indique que le monde sensible est sous-tendu par un monde de l'esprit qui lui est préexistant. Contrairement à ce qui est souvent dit de manière simpliste, les Cathares ne considéraient pas le monde physique comme étant le « mal » et l'autre monde comme le « bien ». Ils voyaient en la matière un monde imparfait mais nécessaire pour que les êtres puissent s'épurer de plus en plus, d'incarnation en incarnation, et acquérir la connaissance de leurs imperfections. Certains dualistes diront que le « bien » a besoin du « mal » pour la progression des êtres, ce qui est plus ou moins vrai. Mais en fait, il n'y a ni « bien » ni « mal », seule compte l'évolution des êtres.

Quoi qu'il en soit, cette pensée cathare n'est pas très éloignée de la vision de Ho'oponopono sous certains de ses aspects. En effet, la matière, le monde qui vous entoure, vous révèle vos imperfections ; à vous alors d'éliminer les pensées erronées qui s'y rattachent afin de vous épurer de plus en plus pour atteindre le monde de l'esprit et de l'harmonie.

L'actualisation des pensées

« La pensée n'est qu'un éclair au milieu de la nuit.
Mais c'est cet éclair qui est tout. »
Henri Poincaré, *La valeur de la science*

Votre esprit fabrique à chaque instant un nombre considérable de pensées diverses qui ne sont pas toujours très ordonnées. Elles sont pour la plupart émises par votre mental qui n'arrête pas de jacasser dans votre tête à propos de tout et de rien, de faire sans cesse des commentaires et de réaliser des jugements sur vous-même et sur les autres.

Ces pensées sont des informations portées sur des énergies, c'est-à-dire que ce sont des « entités[36] » embryonnaires qui ne demandent qu'à vivre et à se développer. Elles sont projetées dans le futur et vont créer dans l'énergie, des futurs potentiels, c'est-à-dire des devenirs possibles qui vont programmer votre avenir.

Or, le présent n'est que l'actualisation d'un futur potentiel, c'est-à-dire qu'il est la conséquence de vos pensées passées.

Vous êtes aujourd'hui ce que vous avez pensé de vous hier. Vous devenez ce que vous pensez.

36. Définition d'une entité : essence d'un être.

Vous êtes entouré des futurs potentiels que vos pensées ont créés, et votre présent n'est que la réalisation de l'un d'entre eux.

Fort heureusement, vos nombreuses pensées contradictoires – « *Je suis superbe* », « *Je suis nul* » – amoindrissent mutuellement leur action grâce à des rapports de forces opposés. Cependant, ces pensées, ces futurs potentiels vont tout faire pour se développer et se réaliser.

Pour cela, les mêmes pensées vont avoir tendance à revenir souvent dans votre esprit pour se nourrir de votre énergie psychique et se développer, devenant ainsi de plus en plus fortes. Les idées fixes et les obsessions en sont d'excellents exemples, lorsque vous vous imaginez pauvre et sans réussite. Cette pensée va se développer dans l'énergie et parmi les futurs potentiels jusqu'à ce qu'elle devienne votre réalité, ce qui va confirmer encore davantage ce sentiment : « *J'avais bien raison de penser cela* », qui ne fera à son tour qu'actualiser de nouvelles situations dévalorisantes. Bref, le serpent se mord la queue !

Sachant cela, il est important de vous imaginer plutôt en bonne santé, brillant et plein de réussites dans la vie. Ceci correspond bien sûr au principe de la pensée positive d'Émile Coué[37], de la visualisation du Dr Carl Simonton[38] et de la loi d'attraction.

37. Psychologue et pharmacien français (1857-1926), auteur d'une méthode d'autosuggestion à l'aide de pensées positives.

38. Radiothérapeute et cancérologue américain, auteur d'ouvrages comme *L'aventure d'une guérison*, J'ai Lu, coll. « Aventure Secrète », 1999.

Ainsi, les pensées attirent des situations qui vont les confirmer. Si vous pensez que vous êtes nul, il va vous arriver un grand nombre de choses, dans votre vie quotidienne, qui vont vous conforter dans cette idée. Si vous considérez la vie comme dangereuse, de nombreuses situations vont apporter la confirmation de ce sentiment (accidents, incidents, intempéries, épidémies...). Or, c'est vous qui avez créé cette vision du monde. Le monde s'est alors plié à vos attentes en devenant dangereux pour vous.

Vos pensées se trouvent amplifiées par des pensées similaires et par des situations qui sont en résonance avec elles ; elles vont ainsi les alimenter et les confirmer. Tout cela vous poussera à les prendre de plus en plus au sérieux et surtout à les prendre pour la réalité, ce qui fait que ces pensées vont pouvoir s'actualiser. Elles vont devenir votre réalité dans le présent. Ceci constitue un véritable cercle vicieux qui s'accroît avec le temps : l'effet boule de neige. Si bien qu'il vous devient impossible de comprendre que ce que vous vivez n'est pas la réalité, mais simplement le monde que vous vous êtes inventé.

Les pensées erronées induisent de mauvais futurs potentiels et ainsi des situations pénibles à vivre dans le présent, alors que les bonnes pensées apporteront l'harmonie et l'amour dans votre vie.

Votre environnement est constitué de nombreux potentiels en attente d'actualisation si l'occasion leur en est donnée, c'est-à-dire si vos pensées les appellent.

C'est pourquoi il est important, en premier lieu, de contrôler vos pensées. La méditation est une bonne technique pour cela. Elle permet de faire taire le mental et donc de voir ce qui est essentiel pour vous. Mais si, malgré tout, une mauvaise pensée vous échappe – « Je suis nul » – envoyez alors, juste après, la pensée contraire – « Je suis génial » – pour annihiler la première.

Ho'oponopono, quant à lui, permet d'éliminer les mauvais futurs potentiels qui se sont matérialisés en effaçant la mémoire erronée qui les a générés. Cela rend bien des services.

Le temps du rêve

Le temps du rêve est un mythe important de la culture des aborigènes d'Australie. Car il correspond à la période immatérielle qui a précédé la création du monde. Il s'agit de la période où la pensée anticipe la création dans le monde matériel. C'est aussi le lieu où nous serons tous après notre mort.

Ainsi, pour eux, toute matérialisation est déjà pensée et construite dans l'énergie avant de se manifester dans notre monde. Selon la nature de la pensée émise, la réalisation sera évidemment totalement différente. Et, inversement, toute réalisation est la conséquence d'une pensée, qui est conditionnée par des mémoires.

Ho'oponopono expliqué par la physique quantique

« On se lasse de tout sauf de comprendre. »
Virgile

Nous avons tous appris à l'école la physique de Newton où les pommes tombent du pommier verticalement, du haut vers le bas, grâce à la force de la pesanteur de la Terre. Cependant, en même temps que cet enseignement nous était donné, les découvertes de la physique quantique montraient que cette vision du monde était complètement obsolète.

La physique quantique

La physique quantique est très compliquée lorsque l'on regarde les formules mathématiques utilisées pour les démonstrations. Ce qui a fait demander à certains pourquoi Dieu avait créé un Univers si compliqué ! Mais en fait, si la démonstration est difficilement compréhensible pour le commun des mortels, les réponses obtenues, quant à elles, sont simples – relativement – et claires. Elles sont donc accessibles à tous.

Une des premières leçons qu'enseigne la physique quantique est que la matière comme nous la concevons habituellement n'existe pas !

En effet, loin de son aspect physique que l'on conçoit habituellement, la matière n'est en fait qu'une gigantesque concentration d'énergie. Chaque particule de l'Univers n'est que de l'énergie concentrée. Ensuite, les particules vont s'associer entre elles pour former les atomes puis les molécules qui sont à l'origine de la matière visible. Ainsi, la matière n'est faite que d'énergie.

L'Univers est formé d'innombrables particules séparées par d'immenses espaces vides. Cela démontre qu'en réalité, la matière ne serait faite que de vide ! Mais alors, qu'est-ce qui lui donne son aspect de solidité ? Ce sont les forces de liaisons qui lient les particules entre elles et que l'on retrouve aussi entre les planètes du système solaire et entre les galaxies. Ce sont les interactions faibles, les interactions fortes, les forces gravitationnelles et les forces électromagnétiques.

Plus troublant est le fait que cette matière peut redonner de l'énergie puis reformer de nouvelles particules (matière[39]) dans un vaste mouvement de création et de destruction, comme l'eau se transforme en vapeur avant de redonner de l'eau lorsque la température baisse. Cela signifie que l'énergie et la matière ne sont que les deux aspects d'un même élément, que l'Univers se forme et se déforme de manière incessante.

Pour ordonnancer l'énergie et la matière, il a fallu la présence d'une information, sinon l'énergie serait restée sans forme. Elle n'aurait pas produit la matière, inanimée d'abord, puis animée, et enfin la conscience. L'astrophysicien George Fitzgerald

39. Cette notion fut dénommée : dualité onde-corpuscule.

Smoot[40], à propos des photos de la naissance de l'Univers prises par le satellite COBE, disait qu'elles allaient dévoiler le *« visage de Dieu »*. Les frères Bogdanov évoquent, dans leur livre au titre éponyme[41], l'hypothèse partagée avec de nombreux savants – dont George Fitzgerald Smoot – d'une sorte d'ADN cosmique, c'est-à-dire de la présence d'une information cosmique qui ordonnancerait la marche générale de l'Univers depuis le Big Bang.

L'information est donc un élément essentiel à l'apparition et au fonctionnement de l'Univers. Celle-ci est portée par une énergie, comme les ondes radio. Nous savons aujourd'hui qu'il existe des « ondes non linéaires », qui sont capables de traverser l'Univers entier sans faiblir avec la distance, et cela à des vitesses bien supérieures à celle de la lumière. L'information peut donc facilement voyager d'un bout à l'autre de l'Univers. Or celle-ci informe, c'est-à-dire « enforme », donc « donne la forme » à la matière. Inversement, toute forme contient une information.

Mais d'après les astrophysiciens, 96 % de l'Univers[42] sont manquants, ce qui fait beaucoup ! Cette grande partie a été dénommée par eux la « matière noire » et l'« énergie noire », que personne jusqu'ici n'a pu appréhender. Elle se trouverait partout dans l'Univers et même à l'intérieur de la matière. Cette matière ou énergie noire est omniprésente, à l'image de l'éther décrit

40. Astrophysicien et cosmologiste américain, prix Nobel 2006.
41. *Le visage de Dieu,* Igor et Grichka Bogdanov, Grasset, 2010.
42. « Énergie noire, la grande inconnue », Pierre Astier, *CNRS Journal* : http://www2.cnrs.fr/presse/journal/1981.htm.

par les Anciens. Pour certains scientifiques comme le physicien américain Nassim Haramein, cette énergie manquante est tout simplement l'énergie du vide. Nous baignerions donc dans un océan d'énergie qui remplit tous les espaces entre les particules, entre les planètes, entre les galaxies. Il s'agirait d'énergie incohérente, alors que la matière quant à elle, serait de l'énergie cohérente, baignant dans un océan d'énergie incohérente. La cohérence est fournie à l'énergie par l'information.

L'énergie du vide pourrait être la prochaine source d'énergie de l'humanité. C'est ce qui est souvent appelé l'« énergie libre » qui serait à la disposition de tous et qui serait entièrement gratuite, comme l'ingénieur américain Nikola Tesla[43] l'avait déjà appréhendé, il y a presque un siècle.

L'homme énergétique

L'être humain, faisant partie de l'Univers, est constitué des mêmes « ingrédients » que lui : matière/énergie et information. Simplement, les appellations changent. On parle du corps physique, de la circulation énergétique et de la pensée/psychisme. Cela signifie que, de par sa constitution, l'être humain est d'abord énergétique comme l'Univers, avant même d'être chimique et biologique.

43. Inventeur et ingénieur américain d'origine serbe (1856-1943).

Au niveau organique, les travaux de Georges Lakhovsky[44] ont démontré que chaque cellule du corps est un mini-circuit oscillant qui émet et absorbe des ondes électromagnétiques sur des fréquences précises. Plus tard, il fut découvert que les cellules communiquent entre elles et avec leur environnement en émettant de la lumière (photons).

L'ADN est encore plus étonnant. Car il n'est en fait qu'information. C'est lui le véritable centre émetteur-récepteur de la cellule, qui la met en contact permanent avec son environnement proche et lointain, c'est-à-dire avec le monde quantique qui l'environne. Il est aussi capable d'agir sur la matière comme nous l'avons vu plus haut, dans le paragraphe consacré à l'épigénétique.

La pensée

Les expériences précédemment décrites sur l'ADN conduisent à s'intéresser à l'action de la pensée sur la matière et donc sur l'environnement. Il existe de nombreuses preuves que la pensée humaine influence le corps. Nous pouvons citer, par exemple, l'effet placebo, la pensée positive d'Émile Coué et les techniques de visualisation du Dr Carl Simonton[45], l'hypnose, la sophrologie… sans oublier les effets néfastes du stress. Tout ceci démontre parfaitement que votre pensée agit directement et constamment sur votre corps.

44. Georges Lakhovsky (1869-1942) est un chercheur d'origine russe ayant longtemps travaillé en France. Lire *L'origine de la vie*, Nilsson, 1925.

45. Voir notes 37 et 38 p. 93.

La puissance de la pensée va bien au-delà de ce que l'on imagine habituellement. Une observation relatée par le Dr Deepak Chopra[46] le montre. Il s'agit de la maladie psychiatrique, où des personnalités multiples s'expriment à tour de rôle dans le corps d'un même individu. Il fut ainsi démontré qu'une même personne était capable de devenir diabétique (insulino-dépendant), épileptique, daltonienne, hypertendue, allergique, voire présenter des cicatrices, des verrues ou des éruptions cutanées selon la personnalité qu'elle présentait. De plus, le passage d'une personnalité à une autre pouvait être très rapide. Cette observation montrait que chaque personnalité modifiait la biologie de l'organisme de son hôte et ceci de manière extrêmement véloce. Donc, si des personnes malades sont capables de cela, cela signifie que tout le monde possède cette capacité à changer sa biologie selon ses pensées.

Les pensées des autres peuvent aussi vous influencer à votre insu. Les travaux de Masaru Emoto[47] ont montré que la pensée pouvait structurer l'eau différemment selon les intentions émises. Il est donc très probable – pour ne pas dire certain – que les pensées des autres peuvent modifier la structure de l'eau présente dans votre organisme. Or, vous êtes constitués de 70 à 80 % d'eau. Ce chiffre indique, à lui seul, combien des pensées étrangères peuvent être perturbatrices pour votre organisme (et donc pour vous), surtout lorsqu'elles sont négatives à votre égard.

46. *Le corps quantique, les fabuleux pouvoirs de guérison de votre esprit*, J'ai Lu, 2009.
47. *Les messages cachés de l'eau* et *Le miracle de l'eau*, Guy Trédaniel, 2004 et 2008.

La prière

La prière fait appel à la pensée dans des vibrations d'aide, d'amour et de compassion, c'est-à-dire les vibrations les plus élevées de l'être humain. Elle fait appel aussi à d'autres énergies encore plus subtiles présentes dans l'Univers.

Une étude[48] effectuée par la Columbia University de New York en 2000 a montré que des prières réalisées par des groupes – toutes religions confondues – situés en Australie, au Canada et aux États-Unis, avaient amélioré les résultats de fécondation *in vitro* chez des femmes traitées pour stérilité en Corée. Les taux passaient de 26 % de succès à 50 % alors que les bénéficiaires n'étaient même pas au courant que des groupes priaient pour elles.

L'étude Harris *et al.*[49] effectuée en 1990 aux États-Unis obtint des résultats similaires sur 990 personnes hospitalisées en service de cardiologie – unité de soins coronariens – de Kansas City. Celles bénéficiant de prières eurent 10 % de moins de complications post-opératoires

48. Dr Larry Dossey, Columbia University, 2001. Expérience citée par Emmanuel Ransford dans un article intitulé : « Un monde déconcertant – un pas vers la psychomatière » ainsi que sur le site www.passeportsante.net avec la référence : Cha K.Y., Wirth D.P., Lobo R.A. "Does prayer influence the success of *in vitro* fertilization-embryo transfer? Report of a masked, randomized trial", *J. Reprod. Med.*, 2001, 46(9) : 781-7.

49. Harris W.S., Gowda M. *et al.*, "A randomized, controlled trial of the effects of remote, intercessory prayer on outcomes in patients admitted to the coronary care uni", *Arch. Intern. Med.*, 1999, Oct 25., 159(19) : 2273-8.

que les autres. De même, le professeur Herbert Benson, de l'université de Harvard, estime que les patients qui répètent des prières sont capables de déclencher des changements de fonctionnement de leurs organes[50].

La prière effectuée pour soi-même ou pour les autres pourrait donc être une autre possibilité d'effacer certaines mémoires erronées. Cependant, les résultats, bien qu'évidents, n'intéressent pas la totalité des personnes, alors qu'avec Ho'oponopono, c'est-à-dire en prenant la pleine responsabilité de la situation et en demandant à effacer la mémoire erronée qui s'y rattache, les effets semblent meilleurs et plus rapides.

Une autre étude[51] montre que le bonheur est contagieux ! Ainsi, l'humeur d'une personne est influencée par celles des autres. Un sentiment comme le bonheur est transmissible à son entourage, comme l'a révélé cette étude réalisée sur 4 739 personnes entre 1983 et 2003. Parmi elles, des groupes de personnes heureuses et malheureuses ont été identifiés. Les auteurs ont alors constaté que le bonheur se propageait jusqu'au troisième niveau de relation (jusqu'aux amis des amis des amis). Ils ont même établi que si une personne a un ami résidant à moins de 1,6 km qui

50. "The Relaxation Response", Benson-Henry Institute for Mind Body Medicine. www.mgh.harvard.edu. Consulté sur le site www.passeportsante.net

51. *Journal international de médecine* du 11/12/09 ; Dowler J.H. *et al.*, "Dynamic spread of happiness in a large social network : longitudinal analysis over 20 years in the Framingham Heart Study." *B. M. J.*, 2008, 337: a2338, doi : 10.1136/bmj.a2338 (publié le 4 décembre 2008).

accède au bonheur, cela augmente de 25 % la probabilité qu'elle -même devienne heureuse. Des résultats similaires ont été observés entre époux, entre frères et sœurs, entre voisins de palier. Le bonheur est donc contagieux. Cependant, cet effet a tendance à diminuer avec le temps et la distance.

Tout ceci montre bien que votre pensée agit sur votre corps, mais aussi sur votre moral ainsi que sur celui des autres. En fait, les actions de votre pensée vont encore au-delà, comme l'a démontré l'expérience de Wladimir Popenon citée précédemment, qui explique que vos émotions sont capables d'agir sur la matière.

Selon Gregg Braden[52], cette action de la pensée aurait également été observée sur le champ magnétique terrestre, qui s'est modifié à la suite des événements du 11 septembre 2001. Ces derniers ont déclenché un violent traumatisme dans l'esprit de nombreuses personnes. Ce choc fut tellement puissant que toutes les énergies psychiques émises à cet instant ont été capables de produire des changements au niveau de l'électromagnétisme de la Terre. Pour l'ingénieur et professeur en science aérodynamique russe Marina Popovitch[53], il existerait une interaction permanente entre les émotions humaines et le champ

52. Auteur et conférencier américain : *La guérison spontanée des croyances* et *Le temps fractal*, Ariane, 2009 et 2010. Voir la vidéo sur : http://www.youtube.com/watch?v=3zJpmxMS6DA.
53. Ancien pilote de la Soviet Air Force, colonel, ingénieur, pilote d'essai, auteur de plusieurs ouvrages.

électromagnétique de la Terre. Les chercheurs russes auraient ainsi observé la présence de zones sombres dans ce champ lorsque des guerres sévissaient, comme en Irak. Marina Popovitch affirme également que les pensées émises par l'humanité peuvent influencer l'activité du Soleil. Notre planète, quant à elle, serait arrivée aujourd'hui à saturation. Elle réagirait à cela par des perturbations brutales : séismes, éruptions, inondations…

À partir du moment où ces informations seraient confirmées, et en extrapolant leur principe, il est très probable que l'influence de l'esprit humain pourrait aller encore plus loin. Car les ondes non linéaires peuvent se transmettre sans déperdition jusqu'à l'autre bout de l'Univers. Peut-être qu'un battement d'aile de papillon à Tokyo est capable de déclencher une aurore boréale sur une planète d'une galaxie lointaine. Allez savoir ?

Ainsi, notre environnement n'est constitué que d'énergie/matière informée. La pensée peut agir sur lui tant à l'échelon particulaire que planétaire, sur le plan microscopique comme sur le plan macroscopique.

Or, Ho'oponopono permet de changer ces pensées (informations) en effaçant les mémoires négatives, ce qui va donc interagir sur la matière environnante. Les pensées négatives étant effacées, les pensées positives vont pouvoir se développer à loisir et générer un environnement équilibré.

Il est facile maintenant de comprendre, grâce à la physique quantique, pourquoi ce processus de réconciliation avec vous-même est capable d'apporter l'harmonie au sein de votre esprit, de votre corps et de votre univers.

Notre monde est-il réel ?

« Nous sommes ce que nous pensons.
Tout ce que nous sommes résulte de nos pensées.
Avec notre pensée, nous bâtissons notre monde. »
Bouddha

Au travers de ce qui vient d'être dit dans les paragraphes précédents, vous pouvez légitimement vous poser la question de savoir si le monde dans lequel vous vivez est bien réel et si vous n'êtes pas plutôt en train de le rêver. Car si tout n'est qu'énergies et informations et si vous êtes les créateurs à 100 % de votre vie grâce à votre seule pensée, alors vous pouvez vous demander – à juste titre – si l'Univers tel que vous le concevez habituellement n'est pas simplement le fruit d'une pensée, votre pensée ?

Cette pensée semble pertinente car plusieurs éléments tendent à faire « penser » que vous vivez dans un rêve.

Le cerveau

D'abord, il faut savoir que votre cerveau ne fait pas la différence entre le réel et l'imaginaire, ni entre l'action et la pensée. Des chercheurs ont observé sur des IRM[54] fonctionnelles que les mêmes zones du cerveau s'activaient lorsque l'on faisait une action ou lorsque l'on regardait quelqu'un faire cette action, ou encore lorsque l'on s'imaginait faire cette action.

Ainsi, vous pouvez vous demander si vous agissez réellement ou si vous êtes simplement en train d'imaginer que vous agissez. Cette incapacité de notre cerveau à distinguer le réel de l'imaginaire a permis de développer des thérapies symboliques capables de soulager les personnes de certains de leurs conflits. Par exemple, si quelqu'un a un grief contre une personne décédée, elle ne peut plus, évidemment, aller s'expliquer avec elle. Mais elle peut tout de même soulager sa peine en lui écrivant une lettre puis en la mettant à la poste. Son cerveau prendra alors cet acte comme s'étant réellement réalisé et que la personne décédée a bien reçu son message, ce qui soulagera d'autant la tension générée par le grief.

Lorsque vous constatez cela, vous comprenez qu'il est facile de tromper votre cerveau et de lui faire prendre une illusion pour la réalité. De la même manière, vous pouvez tout aussi bien être trompé et croire que la vie est la réalité alors qu'elle n'est en fait qu'une illusion.

54. Imagerie par résonance magnétique.

L'être humain

L'être humain est constitué comme l'Univers de matière/énergie d'une part et d'informations/pensées d'autre part, comme nous l'avons déjà évoqué. Mais si l'on y réfléchit bien, qu'est-ce qui définit un être humain ? Ce n'est pas la matière ou son corps physique, mais ce sont ses pensées. C'est ce qui a fait dire à certains physiciens[55] que « *l'être humain n'est, en fait, qu'une poignée de mémoires* », ce qui rejoint directement la vision de Ho'oponopono avec les mémoires erronées à effacer.

La pensée émet des ondes énergétiques qui sont scientifiquement mesurables, comme le montrent les électroencéphalogrammes utilisés en médecine. De plus, nous avons vu que la pensée était capable d'agir sur la matière. Ce phénomène a d'ailleurs terriblement gêné les chercheurs quantiques. Car lors de leurs premières recherches, ils se sont aperçus que leurs pensées, c'est-à-dire leurs attentes, modifiaient les résultats des expériences en cours. S'ils attendaient un résultat dans le domaine vibratoire, ils l'obtenaient. Si un autre chercheur, pour une expérimentation identique, espérait une réponse dans le domaine corpusculaire, il l'obtenait également. C'est ce qui fut dénommé « l'effet de l'attention sur les subparticules ».

Mais, en plus de modifier le monde environnant, la pensée serait aussi capable de le *créer*, ce qui est encore beaucoup plus puissant, vous en conviendrez. Cela se manifesterait d'abord

55. Propos rapportés à la physicienne Jacqueline Bousquet (voir plus loin).

dans l'univers énergétique pour ensuite se matérialiser dans l'univers physique si les pensées sont émises avec suffisamment de conviction. Ainsi vos pensées, qui sont influencées par vos mémoires, construiraient le monde dans lequel vous vivez. Ce serait vous qui avez construit votre environnement, et qui l'avez rendu visible grâce aux pensées que vous avez émises. Mais le monde existe-t-il réellement ou bien est-il simplement du domaine du rêve… de votre rêve ?

La conscience du monde environnant

Cela amène la question de savoir comment vous connaissez le monde qui vous environne. En fait, vous l'appréhendez uniquement à travers vos cinq sens. Votre vision du monde extérieur est une représentation réalisée dans votre cerveau à partir des informations envoyées par vos sens. Vous croyez en l'existence des objets parce que vous les voyez, vous les touchez, vous les sentez, vous les entendez, à travers vos organes des sens. Cependant, vos perceptions ne sont que des pensées dans votre esprit… et votre cerveau se trouve dans une boîte noire totalement isolée du monde qui l'environne.

Vos cinq sens fonctionnent sur un mode vibratoire et aucunement sur un mode « matériel/physique » comme vous pouvez le penser. Nous le savions déjà pour les sons et les couleurs. Mais aujourd'hui, nous le savons aussi pour les odeurs[56]. Elles sont

56. *Science et vie* d'avril 2011.

également de nature vibratoire et non moléculaire. Car des molécules de structures chimiques très proches sont capables de produire des odeurs totalement différentes. La seule explication à cette différence est que l'odorat fonctionne sur un mode vibratoire et non chimique. Il est très probable que le toucher marche de la même manière. Car la matière n'étant formée que d'ondes concentrées, il est difficile d'imaginer qu'il en soit autrement.

Ainsi, la connaissance de votre environnement n'est que vibratoire. Cela explique pourquoi il est facilement modulable par vos pensées, c'est-à-dire par vos croyances, vos peurs et vos valeurs qui agissent comme des filtres qui changent la perception de l'univers qui vous entoure.

De plus, vos sens ne saisissent qu'une partie des informations présentes autour de vous. Par exemple, vous ne captez pas tous les sons, ni toutes les couleurs, ni toutes les odeurs. Pour certains animaux, les gammes sont beaucoup plus étendues que pour vous – ultrasons ou infrarouges, par exemple. La réalité que vous percevez est donc très parcellaire. Ce qui signifie que la partie de l'Univers visible à vos sens est bien infime par rapport à l'ensemble des ondes émises dans votre environnement.

Enfin, il faut se rappeler que les informations captées par les cinq sens sont codées par des influx électriques puis transmises au cerveau par les nerfs. Le cerveau va ensuite *reconstituer* l'Univers environnant à partir des informations qu'il a reçues. Cette reconstitution est effectuée en suivant les schémas de votre système de pensée. Cette image du monde est donc tronquée par son mode de captation, par son mode de transmission, par les capacités du cerveau à la reconstituer et enfin par vos filtres psychologiques qui veulent à tout prix faire entrer l'image reçue dans votre système de référence. Malgré tout cela, c'est pourtant cette image qui pour vous est la réalité. Or, elle ne se situe pas à l'extérieur de vous, mais bien à l'intérieur de votre tête. Tout cela n'existe que dans votre esprit. En d'autres termes, vous pouvez très bien être trompé par des illusions lorsque vous imaginez que l'Univers, tout comme votre environnement, a une existence en dehors de votre esprit.

Vous pourriez très bien considérer que cette réalité a été créée de toutes pièces par votre cerveau, ou encore que les informations reçues par lui ne sont pas réelles et qu'elles sont le fruit de votre imagination, voire de manipulations qui vous auraient été envoyées. Vous n'avez aucune preuve que le monde extérieur existe réellement. C'est pourquoi vous pourriez aussi considérer que le réel n'existe pas et que vous êtes simplement en train de vivre un rêve ! Car lors d'un rêve, vous voyez aussi des choses, vous les touchez, vous les entendez, vous les sentez comme dans la réalité. Alors où se trouve la différence ? Qu'est-ce qui vous fait croire que la vie de la journée est la vie réelle et que les images vues durant votre sommeil ne sont que des rêves ? Ce ne sont que vos pensées et vos préjugés qui vous donnent cette impression.

Votre organisme ne serait également qu'une image, qu'une illusion comme l'Univers qui vous entoure et même aussi votre cerveau. L'être humain serait ainsi une non-réalité. Vos expériences seraient trompeuses et l'Univers dans son ensemble ne serait qu'une illusion. *Il ne resterait de vous que la pensée.* L'être humain ne serait donc qu'un ensemble de pensées, c'est-à-dire un ensemble de mémoires qui agirait sur un environnement illusoire.

Vous n'êtes que l'imagination de vous-même.

Dans un avenir très proche, les ordinateurs seront capables d'envoyer à votre cerveau des informations virtuelles de nature visuelle, auditive, olfactive, gustative et tactile qui pourront vous donner à croire que vous vivez dans un monde réel alors que celui-ci aura été réalisé par l'ordinateur. Vous pourrez aussi lui envoyer des informations/pensées et ainsi converser avec lui, obtenir de lui des changements dans les informations qu'il vous envoie et donc des changements dans le monde imaginaire créé par lui à votre intention, et que vous prendrez pour réel.

Il en est exactement de même dans votre réalité présente : vous pouvez agir sur les événements par votre pensée. En changeant de pensée, vous changez alors le rêve que vous vivez – votre réalité quotidienne – avec une facilité enfantine, peut-être même sans vous rappeler que vous l'avez changé !

L'aspect quantique

Il y a un siècle, l'image que nous avions de la réalité était celle d'un monde matériel palpable et mesurable (la physique de Newton). Puis la physique quantique est arrivée et a tout bousculé... à tel point qu'aujourd'hui, notre environnement est devenu virtuel, constitué uniquement d'énergies et d'informations. Notre vision du monde est passée de la réalité à l'abstraction. L'Univers lui-même serait né d'une « singularité » où la matière et l'énergie proviendraient de quelque chose qui reste encore à définir et qui ne serait limité ni dans le temps ni dans l'espace. C'est ainsi que la physicienne Jacqueline Bousquet[57] aurait dit que *« l'Univers se comporte davantage comme une pensée que comme un mécanisme »*.

L'Univers serait ainsi une pensée. L'idée est belle et poétique. Elle n'est pas sans rappeler certains textes mythologiques. Reste maintenant à savoir qui a émis cette pensée. Bien sûr, l'idée d'un grand architecte organisant tout cela est séduisante. Comme nous l'avons vu, certains astrophysiciens parlent d'ADN cosmique pour indiquer la présence probable d'une information directrice dans le cosmos. Mais ils ne précisent pas d'où provient cet ADN, ni qui en est le concepteur.

En fait, cela pourrait être bien plus simple que cela. Étant les seuls créateurs de tout ce qui se passe dans votre vie, vous pourriez être en train de créer à chaque instant l'environnement dans

57. Docteur ès science, chercheur honoraire du CNRS (www.arsitra.org), auteur de plusieurs ouvrages dont *Au cœur du vivant*, Saint-Michel, 1992 et *Le réveil de la conscience*, Guy Trédaniel, 2003.

lequel vous évoluez. Comme l'ont évoqué des physiciens comme Hubert Reeves[58] : « *La matière ne se formerait que sous votre regard.* » Cette phrase résume parfaitement une longue liste de travaux de recherches en physique quantique. Elle signifie que la matière ne s'informe – ne prend forme – que sous votre regard. Il convient bien sûr ici de comprendre le sens du mot « regard » comme signifiant « pensée ». C'est votre pensée qui rend cohérente l'énergie et ainsi la transforme en matière. Autrement, elle reste sous sa forme incohérente énergétique. *Votre* pensée crée ainsi *toute* la matière et *tout* l'Univers qui vous entoure.

Il n'y a donc plus de hasard, ni de coïncidence,
ni de synchronicité, ni de providence…
il n'y a que vous qui vous envoyez des messages
à vous-même…

Votre inconscient envoie des messages de manière permanente à votre conscient par l'intermédiaire de hasards et de coïncidences qu'il crée dans votre Univers. Car il est capable de tout créer dans votre environnement, même les choses les plus incroyables : apparitions, incidents, séisme, changement climatique, révolution, rencontre, fortune, chance... Tout lui est possible, simplement parce que c'est son monde, parce que c'est votre monde.

58. Astrophysicien franco-québécois, auteur de plusieurs ouvrages dont *L'Univers expliqué à mes petits-enfants*, Éditions du Seuil, 2011.

Votre attention crée l'Univers devant vos yeux, suivant les pensées que vous émettez constamment et que vous avez émises (actualisation des pensées) dans le passé. Il est simple alors de comprendre qu'en changeant vos pensées – comme c'est le cas grâce à Ho'oponopono où vous effacez des mémoires erronées –, vous changez la construction de l'Univers dans lequel vous croyez vivre et qui n'est en fait qu'une illusion, c'est-à-dire une construction de votre moi.

Cette création est effectuée de manière immédiate et inconsciente. Mais le problème est que c'est l'inconscient qui dirige votre esprit avec ses bonnes et ses mauvaises mémoires. C'est pourquoi l'effacement des mémoires erronées est très important, parce qu'il permet d'harmoniser peu à peu le monde dans lequel vous vivez.

Les autres existent-ils ?

Mais si l'environnement est le fruit de votre création, une question se pose : « Les autres individus existent-ils ? » Le Dr Len, interrogé à ce sujet, répond : *« Les autres ? Quels autres ? »* Il s'agit à mon avis d'une boutade destinée à bien faire comprendre le sens de Ho'oponopono. Car en fait, les autres existent bien en tant qu'individus. Cependant, ils répondent totalement à votre création, sinon ils ne seraient pas dans « votre » monde.

Il faut comprendre qu'il n'y a pas un monde – la Terre – où vivent sept milliards d'individus, mais au contraire sept milliards de mondes réunis par une conscience commune. Ces mondes sont reliés ensemble par une trame et ils doivent obéir aux lois inhérentes à ce milieu (espace/temps). Le monde matériel serait ainsi cette trame, c'est-à-dire une sorte de support commun où tous les êtres humains développeraient leur propre monde.
Il est possible – voire très probable, selon les physiciens – qu'il existe de nombreux univers parallèles au nôtre, où chaque individu explorerait d'autres futurs potentiels, c'est-à-dire où chaque individu mènerait d'autres vies dans d'autres univers, ce qui lui permettrait d'enrichir d'autant ses expériences ainsi que son évolution personnelle. En d'autres termes, nous vivrions dans plusieurs univers à la fois, dans lesquels nous coexisterions et où nous développerions des expériences différentes.

Tout cela montre qu'il n'est pas du tout certain que l'Univers existe réellement dans le sens où nous l'entendons habituellement. La physique quantique apporterait même plutôt la preuve du contraire. Dans ce cas, il est simple de comprendre que vos pensées conditionnent l'illusion que vous vivez ou plutôt que vous croyez vivre. En effaçant les pensées délétères, Ho'oponopono vous permet de vivre une vie harmonieuse et d'atteindre ainsi vos aspirations profondes.

Les conséquences de Ho'oponopono sur les individus

« Ils ne savaient pas que c'était impossible, alors ils l'ont fait. »
Marc Twain

Le premier élément perceptible de Ho'oponopono est qu'il vous soulage durant les périodes difficiles de votre vie. Avec lui, il n'y a pas besoin d'analyser les situations ou de faire des recherches poussées. En effaçant vos mémoires perturbatrices, Ho'oponopono fait stopper la situation désagréable pour vous mener vers des eaux plus tranquilles.

Cependant, Ho'oponopono est un art de vivre et non une thérapie. Il ne remplacera jamais une consultation psychiatrique, une psychanalyse, une psychothérapie ou une thérapie PNL. Toutefois, il les complétera harmonieusement et pourra soulager la plupart des petits conflits quotidiens. Il est donc conseillé de le pratiquer pour tout ce qui se déroule de désagréable dans la vie. Mais bien entendu, en cas de trouble important ou si le problème demeure, il est impératif de consulter son médecin.

Vous ne pouvez pas savoir non plus où va vous mener l'effacement d'une mémoire avec Ho'oponopono. Vous savez simplement que cela va permettre d'améliorer votre présent en vous sortant d'une situation difficile. Ho'oponopono soulage donc vos souffrances de manière rapide et définitive. C'est ainsi que tout problème rencontré dans votre vie peut être réglé en travaillant uniquement sur vous-même.

Puis, au fur et à mesure que vos mémoires erronées seront effacées, vous commencerez à vous découvrir vraiment, à découvrir qui vous êtes, ce que vous voulez au plus profond de vous-même et quelles sont vos aspirations essentielles. Vous allez peu à peu entrevoir votre véritable identité. Cela va bien sûr changer vos pensées et par là, votre monde qui deviendra ainsi harmonieux et en complète osmose avec vos désirs les plus secrets. Vous pourrez alors développer vos talents et explorer de nombreux futurs potentiels propices à votre évolution personnelle.

La suppression des pensées erronées va vous faire retrouver votre intégrité, ce qui est très important pour favoriser de nouvelles énergies. Vous allez aussi éteindre définitivement votre mental et rendre vos pensées totalement conscientes. Vous deviendrez ainsi *consciemment* le créateur de votre monde, et n'allez plus le subir de manière inconsciente et désordonnée comme c'est le cas actuellement. Vous serez alors le véritable maître de votre destin.

Ho'oponopono et les énergies nouvelles

> *« Il n'y a pas de voie pour le bonheur.*
> *Le bonheur est la voie. »*
> Bouddha

Nous avons vu que nous vivons dans sept milliards de mondes qui sont réunis par une conscience commune. Celle-ci constitue la trame reliant ensemble les mondes que nous nous créons. Ces univers sont totalement autonomes et dépendent uniquement des pensées de leurs propriétaires. Ils doivent cependant répondre à certaines règles liées à l'espace-temps dans lequel ils évoluent. Or, actuellement, deux phénomènes sont en train de se produire dans notre environnement planétaire :

➠ Le champ électromagnétique de la Terre augmente. Cela a été observé au niveau de la résonance de Schumann[59]. Cette élévation est la résultante d'une augmentation plus générale qui toucherait au moins l'ensemble de notre galaxie. La cause provient de l'arrivée de nouvelles énergies cosmiques. Celles-ci apportent aux êtres humains une élévation de leur niveau de conscience, de nouvelles visions, de nouvelles capacités et de nouvelles pensées. Mais avant d'en arriver là, il va falloir que les humains s'y adaptent, ce qui demande du temps, du calme et du discernement. C'est la période de transition que nous sommes en train

59. La ionosphère possède des capacités de résonance qui ont été découvertes par le physicien allemand W. O. Schumann.

de traverser actuellement. Ce temps d'adaptation se traduit par de la fatigue, de l'irritabilité, des angoisses, de la déprime.

➠ Par ailleurs, comme cela a été évoqué précédemment, les pensées des êtres humains interfèrent avec le champ électromagnétique de la Terre. Or, actuellement, il y a saturation à cause de tous les événements qui se produisent au sein de l'humanité : guerres, famines, meurtres, inégalités, tensions, crises, révolutions… Si bien que la planète réagit violemment par des séismes, des éruptions, des inondations… ce qui ne fait qu'amplifier le processus. Et ces catastrophes rendent cette période de transition encore plus difficile.

Pour franchir cette phase délicate, il convient que chacun s'allège le plus possible. Sur le plan physique, une vie équilibrée est bien sûr essentielle : alimentation biologique plutôt de type méditerranéen, activité physique, respiration, détente, etc. Et sur le plan psychique, il est nécessaire d'apporter une solution aux vieux conflits, d'effacer toutes ses croyances et valeurs limitantes ainsi que ses peurs. Tout cela doit être réalisé très rapidement parce que les énergies évoluent actuellement très vite. C'est pourquoi les techniques comme la psychanalyse, la psychothérapie, la PNL, l'EMDR[60]… qui rendent bien des services dans les cas

60. Eye Movement Desensitization and Reprocessing : technique capable de traiter des informations douloureuses comme par exemple un choc traumatique.

pathologiques, ne sont pas – ou très peu – adaptées ici, car trop lourdes (nécessitant un thérapeute) et trop lentes.

Fort heureusement, de nouveaux outils faciles à utiliser, rapides, efficaces et à réaliser par soi-même se sont développés – comme par hasard. Ce sont l'EFT[61], le TAT[62], le zensight[63], la méditation, les ouvertures temporelles[64], les soins énergétiques[65] ainsi que, bien sûr, Ho'oponopono.

Parmi tous ces outils, Ho'oponopono est sans conteste le plus efficace dans la période que nous traversons, parce qu'il vous permettra d'effacer rapidement toutes vos mémoires erronées. Ainsi vous pourrez plus facilement vous adapter à l'arrivée de ces nouvelles énergies qui vous conduiront vers un état plus élevé de conscience.

Aujourd'hui, les événements allant de plus en plus vite, il n'est pas toujours nécessaire d'effectuer le protocole complet : « *Désolé, pardon, merci, je t'aime* » pour obtenir un résultat. Il suffit souvent de demander simplement à ce que la mémoire erronée en relation avec tel ou tel événement que vous vivez soit effacée. La technique évolue donc avec son temps et devient de plus en plus rapide et performante.

61. *Emotional Freedom Technic.*
62. *Tapas Acupressure Technique.*
63. Pour toute information, voir le site de Sophie Merle : www.sophiemerle.com.
64. Développées par le physicien Jean-Pierre Garnier Malet. Voir son livre *Changez votre futur par les ouvertures temporelles*, Le Temps Présent, 2006.
65. Voir les soins énergétiques Premium® enseignés par le Dr Luc Bodin, au cours de stages ouverts à tous.

Cependant, il serait faux de croire qu'il est nécessaire d'effacer la part d'ombre qui est en vous pour passer sans problème la période de transition actuelle. Ho'oponopono est là, au contraire, pour que vous acceptiez cette partie obscure de vous-même et qu'ainsi, vous retrouviez votre intégralité. Par ce chemin, vous verrez disparaître la dualité. Il n'y aura plus de « bien » ni de « mal ». « Il y aura » tout simplement. Vous constaterez alors que votre part d'ombre, celle que vous rejetiez avec tant d'acharnement, n'était pas si négative que vous vouliez bien le croire. Et qu'au contraire, elle est capable d'apporter un grand équilibre et une plénitude qui vous ont si longtemps fait défaut.

Grâce aux nouvelles énergies, dans un avenir proche, l'être humain va découvrir qu'il peut se diriger tout seul et qu'ainsi les gouvernants, les religieux, les dirigeants, les chefs, les gourous... ne sont plus utiles. L'homme va prendre conscience de ses immenses capacités et va en développer de nouvelles comme l'intuition, la télépathie, la force de la pensée et le sentiment d'appartenance à une communauté cosmique. La société va s'en trouver complètement transformée. Elle va devenir plus humaine et plus attentive au développement de chacun dans le complet respect de ses différences, de ses originalités et de ses aspirations[66].

66. Voir le livre *Préparez-vous au changement* du Dr Luc Bodin à télécharger gratuitement ou à acheter en version papier sur le site www.stageslucbodin.com.

Ho'oponopono est un élément essentiel pendant la période de transition actuelle. En éliminant vos mémoires erronées, il va éclairer votre esprit, et va lever les blocages et les pensées négatives pouvant vous faire croire que cet avenir prometteur n'est pas possible, ou du moins qu'il n'est pas possible pour vous.

Aussi pouvez-vous dire « Merci »
à Ho'oponopono d'être là pour vous accomplir
et pour changer le monde – votre monde.

Chapitre 3

Ho'oponopono

De la spiritualité à l'abondance

Nathalie Bodin

« Exercez-vous à vouloir pour les autres
ce que vous désirez pour vous-même
en essayant de ressembler au Christ
plutôt qu'à un chrétien, à Mahomet
plutôt qu'à un musulman,
et à Bouddha plutôt qu'à un bouddhiste. »
Dr Wayne W. Dyer, *Le pouvoir de l'intention*

Spirituelle est votre religion

En lisant ce titre qui comporte « spirituel » et « religion » dans la même phrase, il se peut qu'un mouvement incontrôlé de votre bras fasse chavirer ce livre sur le sol. C'est un risque que je prends, quitte à vous voir passer ce chapitre que j'ai pris tant de plaisir à écrire.

Pour beaucoup d'entre vous, il faut bien admettre que la religion a perdu de son attrait. Que ce soit pour cause d'intolérance, de comportement extrême ou encore de prise de pouvoir, les représentants religieux incarnent de moins en moins la vie spirituelle. Pourtant, c'est bien grâce aux religions qu'est entretenue depuis si longtemps cette notion de spiritualité. Et avec elle, le propre de l'Homme.

Est-il possible de regarder les livres saints comme un accès à la spiritualité et les hommes qui contribuent à leur connaissance comme de simples messagers ? Les prêtres et les moines, les nonnes et les pasteurs, les mères et les sages sont, tout comme vous, des êtres humains qui font leur expérience sur cette Terre. Et vous savez autant que moi que ce n'est pas tous les jours facile de vivre en adéquation avec ses principes.

J'aimerais préciser que j'ai été élevée chez les cartésiens, ceux qui disent que seule la science peut permettre de sauver le monde. Il s'était donc forgé dans mon esprit une croyance qui disait que les microscopes et les produits chimiques étaient les seuls amis de la vie. Grâce au discernement, j'ai constaté que les faits n'étaient pas tout à fait en faveur de cette théorie. C'est ainsi qu'au gré des années, des rencontres et des livres, j'ai pu découvrir les religions et leurs adeptes.

Ce n'était pas faute d'avoir classé les divinités dans le rang des mythes et des contes, comme les professeurs me l'avaient enseigné. Mais elles ressortaient un peu plus chaque fois que les textes découverts me semblaient justes et pertinents. C'est pour cela que mon regard sur ce monde de la religion est un peu particulier, il est celui d'une exploratrice de la spiritualité.

Certains disent que les religions ont permis à l'homme de se fourvoyer car il a remis dans les mains d'un « Tout-Puissant » les malheurs et les bienfaits qui lui arrivaient ici-bas. Ainsi, il était admis que vous et moi étions les marionnettes d'un destin établi. Vous ne pouviez rien à rien, juste prier que cela ne vous tombe pas sur la tête. Seulement, cette théorie oublie un détail important : le libre arbitre. Rien n'est immuable sur cette Terre, tout peut changer, dès lors que *vous* le décidez. Vous avez *toujours* le choix.

Personnellement, j'ai trouvé cela très relaxant de savoir que j'avais mon mot à dire sur ma vie. De plus, quand vous découvrez qu'effectivement la seule constante dans cet Univers, c'est qu'il est inconstant, vous respirez un grand coup, vous savez que la roue tourne et que le bonheur croisera un jour votre chemin. Les écrits m'avaient appris une bonne nouvelle.

Parce que Jésus a été crucifié sur la croix pour « nous sauver », le sacrifice peut sembler aux pratiquants la meilleure façon de réparer ses péchés ainsi que ceux des autres. Pourquoi pas ?

Et si cet homme souffrant jusqu'à la mort, les bras tendus, le cœur à découvert, représentait plutôt cette part de vous-même que vous avez pris soin de camoufler sous les traditions et les interdits ? Voyez en ce Christ écorché, ce « Moi profond » comme je l'appelle, cette partie inconsciente qui bat au même rythme que votre cœur et qui a été torturée sur l'autel de la matérialité. Il attend simplement que vous le libériez.

Ce Moi profond est, à l'image du Christ, en chacun de vous, prêt à jaillir et il sait que seul l'amour peut vous sauver. L'unique souffrance qu'il engendre est de vous faire sentir qu'il y a quelque chose de plus grand que la possession d'une voiture, d'une maison et d'une famille, cette douleur est l'inexpression de votre spiritualité.

La Bible raconte la résurrection du Christ, ce que je considère aussi comme un signe très positif. Ce Moi profond, ce Christ crucifié par les peurs, a ressuscité. Ne faut-il pas y voir un exemple de votre aptitude à être le miracle de votre vie ? Vous pouvez laisser revenir à la vie ce que vous avez tout au fond de vous, et le meilleur outil pour y arriver, c'est l'amour.

Je regarde la croix et Jésus en me disant qu'un jour, je libérerai totalement cette aptitude en moi, qui est d'aimer à l'inconditionnel tout ce qui est, faisant disparaître à jamais la souffrance de cette croix... de ma vie. Imaginez que tous les êtres humains décident de faire parler leur voix divine. Qu'ils soient catholiques, protestants, musulmans, hindouistes... qu'importe la religion, d'ailleurs. À ce moment là, il pourra apparaître un autre symbole dans les temples et les églises, et pourquoi pas un texte qui dirait ceci : « *Merci, je t'aime* ».

On peut toujours rêver.

Ho'oponopono, réincarnation et famille

À ceux qui, comme moi, croient en la réincarnation, je voudrais dire que j'ai trouvé dans la pratique de Ho'oponopono un sens dans la présence de chacun dans cette vie. Je vais résumer ici le principe de la réincarnation telle que je la perçois, afin de partager plus facilement ce raisonnement avec vous.

Tout débute dans la conception de soi, le Moi profond comme je le nomme. Il ne s'agit pas de se concevoir comme un individu fait de chair et de sang mais plutôt comme une « âme voyageuse » dont l'apprentissage se fait sur plusieurs vies terrestres. Quand vous êtes dans cet état qui précède votre arrivée sur Terre, c'est-à-dire une âme, vous avez une vision globale de l'Univers et de la place que vous avez à y prendre. La compréhension, voire l'Absolue connaissance se fait, semble-t-il, dans l'expérimentation de la vie. Et quoi de mieux que de venir sur cette petite planète bleue pour y faire son apprentissage ? C'est à ce moment-là que vous choisissez de vous incarner dans un lieu et dans une famille en particulier. Une décision qui semble oubliée une fois incarné ici-bas mais qui réapparaît le jour où vous prenez conscience que vous pouvez entrer en contact avec votre Moi profond ; celui que vous aviez laissé de côté et qui vous relie à votre âme aventureuse. Peut-être l'aviez-vous mis de côté pour mieux le retrouver, d'ailleurs. Bref, la prise de contact a eu lieu, soit par de la méditation soit par un retour à la nature. Vous sentez au fond de vous que vous êtes venu ici dans le but d'enrichir par l'expérience vos connaissances, et avec un peu de chance, cette vie pourrait être la dernière à passer ici... avant le grand saut vers le Nirvana.

En attendant, il faut vivre avec la famille que vous vous êtes choisie. Un père absent ou violent, une mère humiliante ou indifférente, un frère odieux ou simplet, une sœur agaçante ou délirante, ce n'est pas seulement votre famille, c'est votre choix d'y accomplir une vie entière. Et comment faire venir la compassion dans votre cœur et accepter ce choix improbable que vous avez fait en venant naître dans une famille aussi violente ou indifférente ? Si ce n'est déjà en « pardonnant » à votre âme, votre Moi profond, d'avoir décidé de vivre parmi ces personnes. Il s'agit tout simplement de la remercier d'avoir réalisé ce choix.

Rien de tel que de se pardonner avec amour, pour ensuite pouvoir pardonner aux autres et ainsi entrer dans la compassion.

L'école de la vie a pour classe principale « la famille ». C'est un cours auquel vous ne pouvez échapper car, même orphelin, c'est de son absence dont vous allez tout apprendre.

Dans ce concept de réincarnation choisi et voulu,
la famille est beaucoup plus qu'un reflet de votre
personnalité, elle est le miroir de votre âme.
Plus encore, elle est le messager et le gardien
de ce que vous allez apprendre sur cette Terre.

Pour certains, ce sera l'apprentissage du détachement émotionnel ; pour d'autres, ce sera d'être sans attente. Qu'importe le nombre de vies que vous y passerez, ce sera le temps nécessaire à votre compréhension.

Lorsque j'ai pris pleinement conscience que mon choix familial avait été ainsi guidé, j'ai réalisé que je devais cesser de lutter contre lui, de lutter contre moi-même. Les griefs, les rancœurs, les déceptions et les attentes que j'avais accumulés envers mes parents perdaient peu à peu de leur substance. Je devais enfin m'avouer que d'être incarnée chez ces gens m'avait permis de comprendre tant de choses que je ne pouvais trouver meilleur endroit pour évoluer. En utilisant ces mots aussi simples que : « *Merci, je t'aime* » face aux difficultés que je rencontrais avec les miens, je ressentais pleinement cette gratitude. Elle allait envers mon père, envers ma mère, envers mon frère et aussi envers moi.

Je crois que j'ai fait un peu plus que d'accepter mon choix de naître dans cette famille, j'ai même appris à aimer cette partie de moi qui avait ce choix. J'ai commencé à m'aimer.

La pratique de Ho'oponopono est une façon d'accélérer le processus d'acceptation de votre condition humaine pour ensuite faire l'apprentissage nécessaire à l'évolution de votre âme ou Moi profond.

En me réincarnant ici, à cette période, j'ai certainement voulu participer à cette découverte de l'amour de soi ou mieux encore, j'ai peut-être souhaité la vivre pleinement pour atteindre ce stade ultime de l'évolution de l'âme. Que m'importe la raison, en fait, je me sens bien quand je pratique Ho'oponopono, j'accepte ma vie ici-bas avec les miens. Que demander de plus si ce n'est continuer ainsi ?

Vous avez cette opportunité d'apprendre à aimer grâce à vos proches. Que vous croyiez ou non en la réincarnation, la famille est là pour vous enseigner à aimer la partie en vous que vous dénigrez tant. Elle est le reflet de ce que vous cherchez à cacher au fond de vous. C'est un messager de votre Moi profond.

N'avez-vous pas remarqué que les réflexions de vos proches vont toujours piquer là où ça fait mal ? Peut-être parce qu'ils vous connaissent bien, ou plus probablement parce que vous avez créé avec eux la situation qui vous a amené à ce conflit. Vous êtes le créateur de cette situation. Vous avez mis en place tout ce qu'il fallait pour que ces mémoires qui siégeaient tranquillement en vous soient dévoilées et mises au grand jour afin de les nettoyer. Votre père ou votre mère n'ont fait que répondre à ce besoin et transmettre le message à votre Moi profond.

Alors pourquoi ne pas profiter des repas de famille pour faire un nettoyage intensif ? C'est plutôt pratique, d'ailleurs. Au lieu de faire sortir les mémoires erronées sur plusieurs semaines ou plusieurs mois, vous pouvez en nettoyer un maximum en seulement l'espace de quelques heures. Je ne dis pas de réunir la famille dans l'unique objectif de résoudre les conflits en cours ou passés, simplement de profiter d'un anniversaire ou d'un mariage pour cibler les émotions qui vous apparaissent face à l'oncle Robert ou au cousin Martin. Il s'agit de les laisser jaillir, de les reconnaître.

« Quand je suis avec ma tante Josiane, elle me parle toujours de ses problèmes d'argent. Et ça m'agace chaque fois ! J'ai l'impression qu'elle croit que je suis "pleine aux as". »

L'interprétation des propos de tante Josiane est sûrement fausse, mais l'émotion que vous ressentez est bien réelle. C'est à ce moment précis que vous pouvez « actionner » le processus Ho'oponopono. *« Pardon, je suis désolée d'avoir provoqué cette rencontre. Merci, Tante Josiane, de m'avoir fait jaillir cette mémoire erronée. Je t'aime, toi le messager, toi qui fait partie de moi....et de ma famille. »*

Il en est de même quand vous êtes face à votre sœur à qui l'on vient de détecter un cancer et qui continue de fumer cigarette sur cigarette. Il est inutile d'entrer dans la colère ou de transmettre votre inquiétude, vous avez un outil formidable qui est à votre disposition : « *Désolée, merci, je t'aime* ». Répétez-le autant de fois que nécessaire, ensuite envoyez de l'amour à votre sœur. Quand le jugement disparaît et que l'inquiétude s'estompe, il devient possible de communiquer et d'agir ensemble pour que cette maladie ne soit plus un fardeau pour tous.

Parce que le processus d'amour est mis en route, alors il irradiera tout autour de vous. Tous ceux qui vous entourent ressentiront cette paix et les réflexions changeront de cap pour aller vers le respect. Le miroir qu'est votre famille peut devenir le reflet de l'amour, celui auquel vous vous connectez.

Votre âme a sélectionné les meilleurs outils de développement personnel : vos enfants, vos parents, vos grands-parents, vos frères, vos sœurs, vos oncles et tantes. Alors servez-vous en. Ils sont là pour vous faire grandir.

SURPRISE !

Je vous délivre ici une astuce qui m'a beaucoup aidée à être sans attente au début que je pratiquais Ho'oponopono. À chaque nettoyage, je disais : « *Je suis désolée, pardon, merci, je t'aime... surprise !* »

« Surprise », c'était pour indiquer à mon mental qu'il allait se passer quelque chose, ça c'est sûr, mais qu'il devait laisser faire. Je n'avais aucune idée de comment cela allait m'arriver, ni où, ni quand, ni quoi... Une surprise de la vie allait venir suite au nettoyage que je venais de faire, c'était ma seule conviction. L'ego était content et occupé en entendant le mot « surprise », ce qui laissait à mon Moi profond le temps de me concocter quelque chose d'inattendu. Cela n'a jamais manqué, des cadeaux aussi variés qu'étonnants arrivaient toujours.
Aujourd'hui, je ne ressens plus la nécessité de dire « surprise ». J'ai compris que je pouvais avoir totalement confiance et être sans attente. L'étonnement est toujours là, seule la certitude que j'ai toujours la meilleure solution qui m'arrive, devient de plus en plus évidente.

Bouddhisme toujours

Le Dr Len parle de l'état zéro comme objectif de la pratique de Ho'oponopono. Cet état, je lui trouve une équivalence dans le bouddhisme avec la vacuité. Dans l'enseignement bouddhiste, un des objectifs est d'obtenir cet état de vide, car c'est celui qui permet d'accueillir l'inspiration. Il est nécessaire de comprendre l'intérêt d'être dans la vacuité et comment Ho'oponopono peut être d'une aide précieuse.

Faire le vide, oui mais pourquoi ?

Je vais commencer par vous parler de cette petite voix qui chante dans votre tête des refrains lancinants et pas toujours positifs. Il s'agit du mental. Il se met en action à la première occasion venue, c'est-à-dire tout le temps. Il est d'ailleurs incroyable, ce mental ! Il a réponse à tout, et il sait tout sur tout. Même si c'est faux, ou que ça n'a jamais été vérifié, il le dit quand même. Je le considère comme un enfant qui veut épater ses copains en racontant des histoires entendues auprès d'adultes et dont il ne connaît pas la véritable signification. Il parle tout le temps, quitte à faire du hors-sujet.

C'est ainsi qu'un flot continu de croyances prend forme et se déverse dans votre esprit. Depuis votre enfance où votre mental absorbe en tout premier les paroles de ceux qui vous élèvent, puis au fur et à mesure des années, ce mental se met à l'affût de tout ce qui vient conforter ce qui vous a été raconté. Il enregistre ces nouvelles données sur le disque dur de vos croyances, qu'il vous répète ensuite en boucle.

Le mental fait un tri des informations que vous recevez et, quand quelques-unes passent à la trappe, c'est votre inconscient qui les récupère. Votre Moi profond est relié à votre inconscient et, grâce à cela, il peut agiter des drapeaux pour attirer votre attention en cas d'« erreur système », c'est-à-dire en cas de réception de croyances erronées. Il se sert en général des rêves et des intuitions, ces deux outils que le mental avait pourtant pris soin de détourner de vous. Donc, lorsque des croyances erronées sont reçues par votre Moi profond, il y a une réaction immédiate qui ne vous est pas forcément perceptible puisque votre mental papote en permanence. Les cauchemars peuvent être des signes très révélateurs. Il y a un « bug » dans votre système de croyances et vous n'avez rien vu.

Votre inconscient ou Moi profond se démène alors comme un beau diable pour vous faire comprendre qu'un virus est là. Il agite toutes les sonnettes d'alarme, allant même jusqu'à provoquer des incidents graves pour que vous fassiez un formatage/nettoyage de vos croyances.

Plus concrètement, le mental c'est celui qui vous rabâche qu'il faut souffrir pour être belle, que l'argent se gagne durement, que les riches sont des voleurs, que la maladie est là uniquement pour vous faire souffrir… toutes ces phrases anodines qui vous poussent à croire que vous ne méritez pas le bonheur, que la vie ne vaut pas le coup, et vous non plus d'ailleurs, puisque vous venez d'être licencié. En fait, c'est un genre d'oiseau de mauvais augure engendré par vous-même et pour votre propre compte.

Il se pourrait que, derrière le battement des ailes
noires de votre mental, se cachent vos aspirations
les plus profondes, celles qui montrent
votre beauté intérieure et votre véritable valeur.

Je crois que vous commencez à comprendre où je veux en venir. N'y aurait-il pas intérêt à faire taire l'enfant capricieux qu'est votre mental pour mettre en avant les éléments positifs qui sont en vous ?

La vacuité ou le vide dont parle le Dr Len est ce qui permet d'écouter et de suivre la véritable voie : cette Divinité qui est en vous, celle qui vous permet de vous réaliser et vous montre que votre licenciement va vous permettre de mettre en place votre rêve, comme par exemple être guide de montagne ou enseignant pour enfants handicapés. Cette voie vous amène aussi à regarder votre visage et votre corps comme une merveille de réalisation, où la complexité de l'assemblage de simples cellules a donné ce résultat incroyable – et ainsi de voir, en chaque être vivant, la même merveilleuse élaboration de la vie. Grâce à ce vide intérieur que vous créez, vous recevez enfin la compréhension que l'Univers est abondance et qu'il y a de tout à profusion pour tous. Vous savez que vous méritez le bonheur.

Alors, à chaque phrase négative qui sortira du chapeau de votre mental, agitez votre baguette Ho'oponopono et transformez-la en colombe blanche, déployant les ailes de l'amour et de la gratitude. Le vide qui en découlera laissera place à la paix, cette émotion pure qui engendre la joie de vivre.

Le mental, une fois mis « au repos » ou dans une paix significative, vous donne ainsi la possibilité d'être totalement réceptif aux opportunités qui se présentent dans votre vie. Quand le mental dit en permanence : « *Que de misère sur cette Terre !* », vous ne voyez effectivement que la misère et vous oubliez d'écouter le sans-abri que vous venez de croiser et qui avait surtout besoin d'attention. Quand le mental vous serine : « *Je n'arrive à rien* », vous lui donnez raison en ne passant jamais à l'action quand l'opportunité se présente ou en préférant attendre au lieu de susciter des événements positifs. C'est pour cela qu'il n'y a rien de tel que de faire le vide pour laisser la place à toutes les possibilités. Faire le vide, c'est permettre à l'action divine d'arriver par votre intermédiaire. Vous agissez avec un guide plus attentif à vos besoins. Et comment faire le vide si ce n'est en nettoyant les croyances accumulées encore et encore ?

COMMENT FAIRE LE VIDE

Voici une petite histoire rapportée par le Dr Wayne W. Dyer. Elle peut vous permettre de mémoriser une fois pour toutes l'intérêt d'utiliser le nettoyage, c'est-à-dire Ho'oponopono, pour faire le vide.

Le Maître dit à son disciple : « *Tu dois faire le vide.* »

Le disciple lui répond qu'il ne sait comment faire.

– *Que fais-tu après avoir mangé ?* demande alors le Maître.

– *Je digère,* répond le disciple.

– *Non,* lui rétorque le Maître, *tu fais la vaisselle !*

En tous les cas, ce fut pour moi une révélation… pleine de bon sens et d'humour.

Ici et maintenant

Un autre élément qui rapproche cette technique des enseignements bouddhistes, c'est le fait que chaque instant est prétexte à pratiquer Ho'oponopono et par conséquent à être présent, ici et maintenant. Quand vous vivez un traumatisme et que vous prenez soin de faire le nettoyage aussitôt, vous êtes dans le présent. Quand vous êtes contrarié par une nouvelle qui perturbe votre mental et que vous faites le nettoyage, vous êtes dans le présent.

Le futur est conjecture, le passé est…
dépassé. Seul le présent compte.

Plutôt que d'imaginer le pire en entendant votre voisine qui parle à son mari de pénurie de carburant à la station-service de votre ville, nettoyez les mémoires qui sont activées à ce moment-là. Ainsi, vous éviterez de penser à l'annulation de votre voyage en voiture qui était prévu pour demain, vous empêchant alors de voir vos enfants. Là, vous êtes dans les conjectures, c'est-à-dire dans le futur. Mais vous pouvez aussi vous souvenir de la dernière grève des carburants qui avait aussi bloqué l'approvisionnement de vos magasins préférés. Et là, vous êtes dans le passé. Afin de vous maintenir dans le présent, ici et maintenant, nettoyez ces craintes qui vous submergent en disant simplement : « *Pardon, merci, je t'aime* » et laissez le calme s'installer en vous. Vous pourrez ainsi écouter la suite de la conversation qui vous apprendra qu'il s'agissait d'un problème technique et que la panne n'a duré que deux heures, le temps de remettre les pompes en service.

Comme je le décris dans cette petite histoire, l'intérêt de vivre dans le présent est d'être au contact avec la réalité, loin des pensées négatives. Car ces dernières arrivent quand vous êtes dans le passé (les expériences révolues) ou dans le futur (une élucubration incontrôlée du mental). Contrairement aux idées reçues, vous n'êtes pas réaliste quand vous faites référence à des données obsolètes ou imaginées. Vous êtes dans le réel quand vous écoutez ici et maintenant toutes les informations qui arrivent à l'instant et qui vous donnent l'intégralité de l'information.

Il en va de même quand vous vous identifiez à votre passé professionnel : « *Je suis retraité cadre supérieur.* » C'est comme si vous viviez un pied dans un monde révolu. Vous n'existez plus qu'à moitié.

« *Avant les enfants respectaient les anciens, c'était le bon temps* » : vous vivez dans la nostalgie, vous partez dans un passé idéalisé. Il devient beaucoup plus difficile de voir les bons côtés de votre vie actuelle quand votre tête reste dans le passé.

« *Les patrons ne sont plus aussi arrangeants qu'avant* » : vous allez au travail en ressassant les avantages que vous avez perdus depuis le rachat de votre entreprise. Vous êtes encore dans le passé, ne voyant plus les opportunités qui s'ouvrent à vous, ne fixant du regard que les démissions qui se sont succédé. Tout cela est engendré parce que vous n'êtes pas dans le présent, relié à votre Moi profond, celui qui fait partie de la réalité.

En vous ancrant dans le présent, vous devenez réaliste. Loin des craintes et des peurs, vous entrez dans la réalité du moment. Les expériences du passé reprennent leur place historique, rangées dans les tiroirs de la mémoire. Elles ont joué leur rôle à un moment donné et vous ont permis de vous construire.

Le passé n'est pas votre vie, il est une pierre parmi tant d'autres ayant servi à votre avancement. Quand au futur, il est d'abord dans votre imaginaire avant de prendre forme.

Cette pensée que vous créez de toutes pièces peut devenir une réalité. Cette puissance de l'esprit est reconnue aujourd'hui par de nombreux philosophes et scientifiques. C'est pour cela qu'il est important d'en contrôler la qualité. Meilleur sera le type de pensée, meilleur sera votre avenir. Et si vous doutez encore de vos capacités à vous créer un avenir radieux, laissez faire votre inconscient ou Moi profond. Pour l'aider à s'éloigner des craintes, des peurs et des angoisses, utilisez le nettoyage en activant Ho'oponopono. Je dirais même que, dans ce cas, il est à consommer sans modération.

Compassion d'amour

Avec Ho'oponopono, vous êtes amené à regarder chaque détail de votre vie de façon plus intense et avec beaucoup plus d'amour et de compassion. Encore une voie qui rejoint la religion.

« *Merci, je t'aime* » est un mantra très simple à psalmodier. Ces mots permettent aussi d'entrer en contact avec le Divin, avec sa Divinité. J'ai aussi compris à quel point la répétition pouvait être efficace en énonçant ces paroles et quel était l'intérêt de répéter des prières à l'infini. C'est une façon d'atteindre un automatisme du cerveau, un moyen d'occuper le mental et d'y imprimer, à force de répétition, une idée nouvelle. Soyez tout de même vigilant, car les mots peuvent avoir un double sens. C'est ce que démontre la langue des oiseaux, votre inconscient peut comprendre de plusieurs façons une parole. « *C'est le cerf-volant conduit par un cerveau lent* » : un exemple pour comprendre comme il est facile à votre inconscient de réinterpréter les phrases de tous les jours, et les prières n'échappent pas à la règle.

Aujourd'hui, quand mon mental se met au galop face à un événement, j'ai cet outil de nettoyage qui se met en place tout seul et qui entre en parfaite adéquation avec mes convictions. C'est la première technique que j'utilise aussi facilement. Je pense que c'est parce que ces mots : « *Pardon, merci, je t'aime* » offrent peu de possibilités aux erreurs d'interprétation.

En commençant avec « *Pardon* », c'est par le don de soi, votre véritable valeur, que vous engagez la conversation avec votre Moi profond.

« *Merci* » vous met dans la confiance, il vous met à la merci de la vie et de la foi en elle. Ce mot est plus fort que la gratitude. La gratitude envers le temps présent, le temps passé ou celui à venir. Merci à tout ce qui vit, aux gens, aux animaux, à la nature, à la Terre, à vos créations. Oui, vous avez un grand talent créatif.

« *Je t'aime* » est une phrase où le sujet côtoie le terme « amour », lui-même accolé à « toi ». Il y a le « jeu », celui qui amuse, celui qui est à « moi », et qui est profond. Il y a le « t' », l'autre, mon miroir, mon propre reflet, ma propre nature. Quant à « aime » c'est le plus bel ordre que j'ai eu à recevoir de moi-m' « aime ».

« *Merci, je t'aime* » est une prière invisible dite à l'intérieur de vous, pour vous-même, la personne que vous oubliez le plus dans votre quotidien… et si ça, ce ne sont pas des mots qui peuvent vous ancrer dans le meilleur de la vie, en tous les cas, ça y ressemble beaucoup.

Être chrétien

Ces principes fondamentaux de l'amour se retrouvent bien évidemment dans la religion chrétienne et j'évoque tout d'abord cette phrase : « *Aime ton prochain comme toi-même.* » Il est question ici de rappeler que l'autre est le miroir de votre vie, et aussi de vous faire comprendre que vous et moi sommes unis par ce lien sacré de l'amour.

S'aimer soi-même

Mais il est difficile de donner aux autres ce que vous ne possédez pas. Vous remplir d'amour, c'est aimer l'humanité qui est en vous, tout cet ensemble complexe qui est autant capable de faire souffrir que de rendre heureux. L'absence de jugement peut être une voie pour accéder à ce sentiment de paix et, avec Ho'oponopono, vous disposez de l'outil de nettoyage de jugements en tout genre.

Lorsque vous jugez vos propres actions en vous traitant vous-même de « nul » ou d'« imbécile » , quand vous renversez votre café sur votre chemise juste avant de vous rendre à votre travail, vous abaissez votre niveau vibratoire et devenez par là même de plus en plus sensible aux agressions extérieures. La dévalorisation de vos propres actes au quotidien génère un abaissement de votre système immunitaire et de votre énergie.

Considérez plutôt ces petits accidents de la vie comme des messages personnels qui vous rappellent que vous manquez d'attention envers vous-même.

Au lieu de lire ou d'écouter les mauvaises nouvelles du journal pendant que vous prenez votre petit déjeuner, vous pourriez apprécier ce moment de détente en fixant des éléments positifs et démarrer la journée du bon pied. Concentrez-vous sur ce qui se passe par la fenêtre de votre cuisine, examinez la forme des nuages le matin, observez la vie qui s'anime dans votre rue. Donnez-vous le temps d'apprécier cet instant.

En transformant les accidents du quotidien en gratitude envers la vie, envers Dieu, vous vous envoyez de l'amour. Et comme vous vous remplissez d'amour, vous en devenez le transmetteur pour tous ceux que vous croisez sur votre route.

Alors, quand la tartine tombe sur le sol côté confiture, quand le bouton de la chemise saute, quand la tasse se renverse et quand il n'y a plus de lait, envoyez-vous de l'amour : « *Pardon, merci, je t'aime* ».

Pardonner

L'autre élément qui revient souvent avec Ho'oponopono, c'est la notion de pardonner tout acte qui est fait à votre encontre. Un peu comme le fait de tendre la joue droite après que la joue gauche a été frappée, il s'agit ici d'utiliser les « claques » que vous envoie la vie comme prétextes pour nettoyer vos mémoires erronées. Le messager n'est pas exempt de rendre des comptes pour autant. Le pardon, c'est reconnaître que l'on a en soi cette violence et qu'il est nécessaire de s'en séparer pour avancer. Le pardon, c'est quand vous donnez à l'autre, autant qu'à vous-même, l'opportunité de retrouver la voie de l'amour.

Le pardon est différent de la soumission.

Quand une jeune femme se fait arracher son collier en pleine rue alors qu'elle rentre chez elle, il y a un choc. Faire Ho'oponopono peut sembler déplacé dans ce cas, mais pensez à cette peur qui envahit la personne à ce moment précis. Il s'ensuit souvent un fort sentiment de culpabilité chez la victime. Et c'est de ces émotions qu'il faut se détacher pour agir de façon la plus adaptée à la situation.

Quand vous restez dans la peur, vous n'osez plus sortir de chez vous. Quand vous culpabilisez, vous n'osez pas porter plainte. Le simple fait de dire « *Pardon, merci, je t'aime* » vous donne la possibilité de trouver le calme et de reprendre vos esprits. Vous pouvez vous dire ceci : « *Pardon d'avoir suscité la tentation en arborant ce bijou, pardon de m'être laissée faire, pardon d'avoir pris la mauvaise rue… Merci de m'avoir fait jaillir cette mémoire de fragilité, d'impuissance, de colère… Je t'aime, toi qui es cette partie de moi qui a créé cette situation.* »

Pardonnez-vous d'avoir été obligé de créer cette situation afin de mettre au jour ces mémoires pour les nettoyer. Pardonnez à l'Univers d'avoir été complice, pardonnez à cet homme d'avoir été ce douloureux messager. Et surtout envoyez de l'amour, à vous et à l'Univers.

Vous pouvez ensuite vous rendre au poste de police pour déclarer cette agression sans omettre un détail dans la description du voleur. Certains d'entre vous peuvent se dire qu'il n'y a pas forcément lieu d'aller porter plainte quand le nettoyage est bien fait et c'est certainement vrai. Je me dis aussi que si le voleur est pris, il pourra à son tour faire Ho'oponopono devant les inspecteurs !

Quand il vous semble vivre une situation si violente que vous envisagez de régler le problème sous le coup de la colère, en oubliant la notion de pardon, vous pouvez rencontrer des obstacles de plus en plus en difficiles à franchir.

PETITE ILLUSTRATION

Il est 9 heures du matin, vous êtes en retard à votre rendez-vous et vous choisissez de prendre un raccourci quand vous pilez brutalement au feu que vous découvrez au dernier moment. Une secousse violente vous fait sursauter sur votre siège. Votre voiture vient d'être percutée à l'arrière par un automobiliste. Vous sortez furibond de votre véhicule pour constater les dégâts. En voyant votre rage face au pare-choc défoncé, le « chauffard » décide de ne pas se laisser faire et commence à crier lui aussi. Les esprits sont tellement échauffés qu'aucun d'entre vous ne voit l'embouteillage qui se forme. Les autres automobilistes klaxonnent, vocifèrent et il est impossible de rédiger un constat car votre interlocuteur refuse de mettre son assurance en jeu pour si peu. C'est l'escalade et la gendarmerie est appelée en renfort, vous obligeant à sortir vos papiers qui ne sont pas tous en règle. Votre rendez-vous vous attend depuis plus d'une heure quand vous lui téléphonez, à bout de nerfs.

Peut-être qu'en faisant intervenir un peu de compassion dans cette mésaventure, vous auriez compris que votre conduite sportive a fait que l'automobiliste qui a freiné un peu tardivement a eu peur lui aussi, que vous pouviez en discuter calmement sur le bas-côté de la route et envisager des réparations à l'amiable chez son garagiste pour lui éviter un malus chez son assureur. Ensuite, dans le plus grand calme, vous préveniez votre rendez-vous de votre arrivée d'ici quelques minutes, le temps de noter dans votre agenda de mettre vos papiers à jour.

Le miroir de votre vie peut prendre toutes les formes, d'où l'intérêt de respecter ceux qui vous confrontent aux événements. Le pardon est un outil formidable pour se remettre sur le chemin de l'amour. Surtout en utilisant la formule magique où le pardon côtoie l'amour, vous savez déjà que c'est là que vous allez entrer : « *Pardon d'avoir provoqué cette situation, merci d'avoir éveillé cette mémoire pour me permettre de la nettoyer, je t'aime, toi le messager.* »

En tant que chrétien, quand vous demandez à être pardonné comme vous pardonnez à ceux qui vous ont offensé, Ho'oponopono est d'une grande aide pour avoir ce réflexe de sagesse. Pour les non-chrétiens, le pardon est la clé qui sert à ouvrir les portes de l'amour.

Un peu d'islam

Le Prophète a donné aux hommes les règles pour vivre dans le respect de Dieu et, parmi elles, figure celle leur demandant de ne pas représenter son image ni celles des créatures de la Terre. Ainsi s'explique la présence de ces magnifiques fresques et arabesques qui ornent les monuments religieux musulmans. L'imagination des artistes est si fertile que lorsque le regard se pose sur l'une de leurs réalisations, elle incite à la méditation contemplative. C'est peut-être pour cette raison que les mosquées sont aussi inspirantes. Il n'y a pas d'idoles où l'ego peut s'égarer, mais simplement un retour sur soi pour mieux se connecter au Divin. Et dans les maisons de ceux qui vivent cette foi, où nulle image ne vient flatter le mental, il peut sembler plus facile d'admirer le véritable miroir qu'est celui de Dieu. Car c'est bien lui qui donne un sens à la vie.

Tous spirituels

Je vois aussi dans cette absence une grande présence, voire une chose essentielle à notre compréhension. C'est que Dieu est sans limites. Aucune forme, aucune dimension, aucun lieu ne peut le représenter. Aucune matière ne peut s'identifier à Lui.

Je vais aller plus loin en ajoutant que, tout comme Dieu ne peut être représenté, il en va de même pour l'homme et toutes les créatures de la Terre. N'y aurait-il pas à voir dans cette métaphore une définition plus noble de l'être humain ? Je veux parler de notre Divinité immatérielle. Elle est en chacun de nous. Nous ne sommes pas uniquement des corps physiques, nous sommes beaucoup plus, nous sommes spirituels. Les créatures et le Créateur sont unis dans cette énergie universelle. C'est en tant que tel que vous circulez dans ce monde.

> *Vous êtes des êtres divins au sens le plus magnifique du terme. Vous êtes beaucoup plus qu'un métier, plus qu'un rôle de père ou de mère, vous êtes plus que la maladie qui vous frappe, vous êtes une part de Dieu.*

En cela, Ho'oponopono ouvre la porte à cette incroyable redécouverte de la nature humaine. Non seulement il vous oblige à vous regarder de l'intérieur, mais il vous demande aussi de vous donner toute la gratitude et l'amour que vous méritez en tant que tel.

Retrouver ses repères

Lorsque je marchais dans les rues de Marrakech et que j'entendais l'appel à la prière, je ne pouvais m'empêcher de sourire. Cinq fois par jour, je me rappelais qui j'étais véritablement, un être spirituel. Cinq fois par jour, je me reconnectais à ma Divinité intérieure. Cinq fois par jour, je trouvais la paix.

Aujourd'hui, nos églises ne font plus sonner les cloches de la spiritualité. La société moderne a décidé de transformer ces appels en outils de communication qui vous incitent à la consommation et vous font oublier votre véritable vocation.

Sous prétexte de laïcité, le Divin qui fait partie de vous a été camouflé et c'est de ce manque de contact que vous vient cette irrépressible envie de remplir votre appartement. Vous avez remplacé l'amour par le plaisir, un sentiment qui ne dure pas et que vous entretenez à force de gadgets technologiques et de romances éphémères. Les spots publicitaires et le journal télévisé remplacent le tintement des cloches de l'église, le village s'anime au rythme du virtuel. Comment retrouver ses repères spirituels dans un monde où tout est télécommandé ?

Il y a plusieurs moyens d'entrer en communication avec sa partie divine ; les religions sont un des chemins, il en existe beaucoup d'autres. Pour vous rappeler à votre véritable nature, vous pouvez utiliser tout ce qui vous renvoie au meilleur de vous-même. Inutile de chercher à vous comparer aux idéaux créés de toutes pièces par les médias, vous êtes à la fois unique et intensément relié à toutes les autres créatures de l'Univers. Rappelez-vous seulement que ce lien est divin, c'est un lien d'amour. Les autres ont autant d'amour en eux, ils sont tout autant spirituels que vous, même votre voisin qui hurle à sa fenêtre à deux heures du matin. C'est juste qu'en se mettant dans la matière, cette vibration d'amour a voulu donner une chance d'exister à toutes les particules de vie. Alors, elles s'entrechoquent dans ce grand chaos terrestre. Pourtant, elles ont le pouvoir d'émettre à l'unisson dans un chant de paix. Et pour y arriver, elles doivent retrouver leur route spirituelle. C'est pour les ramener sur cette voie que vous pouvez utiliser des rappels à l'amour comme « *Pardon, merci, je t'aime* ».

Créatures créatives

« *Le XXI*[e] *siècle sera spirituel ou ne sera pas.* » Une phrase qui prend tout son sens à l'heure où j'écris ces quelques lignes, car les rayons des libraires se couvrent des expériences spirituelles d'hommes et de femmes en quête de leur Divinité. Vous êtes de plus en plus nombreux à regarder autrement ce monde. Vous comprenez aujourd'hui que combattre une institution ne suffit pas, et que la soif de pouvoir ne s'apaise jamais dans le monde matériel, il faut aller plus loin.

Et si la véritable exploration que devait faire l'être
humain sur cette planète était
de visiter les profondeurs de son âme,
celles de son être intérieur aux capacités infinies ?

Vous avez aussi réalisé que tout ce qui existe vient des pensées, celles que d'autres avant vous ont émises et qui prennent forme aujourd'hui. Chaque invention a d'abord éclos dans l'esprit d'un individu avant de paraître dans vos mains. Vos idées sont tout aussi fortes. Elles vivent d'abord dans votre esprit avant d'apparaître aux yeux de tous. C'est là toute notre puissance créatrice.

Vous avez créé ce monde. Vous avez donné vie à toutes ces contradictions. C'est la raison pour laquelle vous devez cesser de juger ce qui vous entoure. Vous avez créé ce qu'il y a de mieux pour votre évolution – la preuve, c'est que lorsque vous avez un problème, cela vous concerne vous, pas un autre.

Cette notion peut sembler difficile à accepter ; pourtant, je peux vous promettre qu'elle est bien réelle et aussi très réconfortante. Dès que vous comprenez que vous êtes acteur de votre vie, au sens le plus grand du terme, c'est-à-dire que vos actions ont une réelle incidence dans ce monde, alors vous n'êtes plus victime. Vous sortez de ce rôle d'être impuissant et soumis aux événements. Vous entrez dans une dimension où tout, absolument tout, est possible.

L'étendue de ce possible est aussi vaste que l'Univers,
et l'Univers, c'est très grand !

Ce qui est à l'extérieur vient de l'intérieur

Je reprends mon périple sur le continent des cultures asiatiques avec le feng shui. Pour rappel, il vous suffit de savoir que les géomanciens qui pratiquent cet art ancestral chinois utilisent l'énergie qi pour améliorer les vies matérielles et spirituelles. Le qi circule dans tout l'Univers et relie tous les individus entre eux. Cela vous rappelle certainement quelque chose.

Cette énergie universelle qui pénètre les corps et les pensées s'imprègne sur son passage des formes variées que la nature a mises sur sa route. Elle change en qualité et en fonction des lieux et de l'orientation. Il suffit d'un savant calcul pour déterminer le type de qi qui entre chez vous et d'utiliser les cinq éléments pour y apporter l'harmonie.

Le précepte « *ce qui est à l'extérieur vient de l'intérieur* » est plutôt une interprétation occidentale de cet art. Pour les puristes en feng shui traditionnel, c'est l'environnement qui influe sur l'homme et non l'inverse. L'énergie qi circule dans l'environnement, et les éléments naturels (montagnes, rivières) donnent le « relief » énergétique du lieu. Pour en tirer les meilleures influences, l'homme dispose des éléments eau, métal, feu, terre et bois pour renforcer ou diminuer le pouvoir du yin et du yang. De cette façon, le qi permet aux habitants de préserver leur propre énergie. Les effets des cinq éléments sont là pour optimiser et compenser les points faibles de leur habitat à leur place.

Mon expérience en tant que consultante en feng shui m'a permis de faire le constat suivant : vous et moi influençons l'environnement. Une réelle interaction se joue entre les habitants et le lieu. Mes observations m'ont permis de comprendre à quel point chacun est à 100 % créateur. C'est là un point commun formidable avec le concept de Ho'oponopono. Sans oublier que, dans le feng shui comme dans la vie, ce qui a été fait peut être défait.

Créateurs intérieurs

La créativité environnementale intervient dès lors que vous personnalisez un lieu.

La décoration est une façon de créer, d'inventer une ambiance et pour cela vous y mettez tout ce que vous adorez, c'est que j'appelle la décor-ador-ation. Cela concerne autant votre domicile que votre lieu de travail. Les bibelots, les meubles, la couleur des murs et des rideaux, le choix de la fonction de chaque pièce, la façon dont vous les organisez, c'est de la création.

Au jardin, c'est la même chose, les fleurs et les arbres que vous plantez, les légumes et les fruits que vous cultivez et les emplacements que vous leur choisissez sont autant de façons de créer le tableau qui vous entoure.

Vous êtes les artistes peintres de votre vie, la maison est la toile, les objets sont les tubes de couleurs que vous mélangez entre eux et vos mains appliquent chaque touche comme le ferait un pinceau.

Et comme vous agencez ce lieu en utilisant votre culture, vos traditions, vos envies et vos rêves, vous affichez à la face du monde ce que vous avez en vous. C'est ainsi que tout ce qui vous entoure vient de votre « intérieur ».

J'ajouterai que de sélectionner un appartement plutôt qu'un autre, de prendre un magasin ou un bureau pour lancer son affaire, ou encore d'investir dans une maison de vacances, tous ces choix font aussi partie de cette subtile équation de la créativité.

Certains parleront de coup de cœur ou de bon rapport qualité/prix, des éléments qui sont toujours très subjectifs et dont vous seul décidez de la valeur. Encore une fois, vous êtes acteur et créateur de cette décision.

> Lorsque vous envisagez de vous installer dans un espace, c'est avec vos propres critères du moment que vous faites cette sélection. C'est aussi révélateur que d'habiter rue de la Charité ou avenue de la Liberté. Cette adresse postale, loin d'être anodine, peut être révélatrice de ce que l'inconscient souhaite vous transmettre. Là encore, vous créez les indices nécessaires à la compréhension de la transformation que vous êtes venu y trouver.
> Vous êtes si enclin à penser que vous n'avez aucun pouvoir sur ce qui vous entoure que vous oubliez à quel point vous avez un véritable impact sur celui-ci. Je vous parle de votre maison bien sûr, mais il en va de même pour la ville où vous avez choisi de vivre, votre région, votre pays et même votre planète. Vous disposez d'un grand pouvoir dont vous n'avez même plus conscience.

Je tiens aussi à souligner que vous êtes d'excellents créateurs générant de parfaites créations. La maison, la région ou le pays dans lequel vous avez choisi de vivre vous conviennent parfaitement. Difficile pourtant de croire à cette perfection dans le choix de la maison quand les catastrophes semblent se succéder depuis que vous y avez emménagé. Et comment admettre cette théorie quand les voisins de palier sont des étudiants dont la vie nocturne et musicale perfore les murs de votre appartement ? Que dire aussi lorsque des odeurs épouvantables arrivent de l'usine de retraitement et envahissent le bureau quelques jours seulement après la finalisation de son achat ? Tout cela prête au plus grand scepticisme sur votre capacité créatrice, et un sentiment de culpabilité peut alors se profiler.

La partie la plus ardue consiste à accepter ces phénomènes comme des outils d'évolution et non comme des obstacles insurmontables et injustes. Ho'oponopono est là pour vous aider à redonner à ces événements leur véritable place, les éloignant de votre penchant à vous comporter en victime et donc à reprendre votre rôle d'acteur-créateur.

Ces signes qui bouleversent votre quotidien sont des décharges électriques pour vous faire réagir, pour vous faire revenir à l'essence même de votre vie.

Les accidents domestiques sont peut-être annonciateurs que vous avez besoin de lâcher le côté matériel et de vous concentrer sur votre réalisation intérieure. Les voisins assourdissants veulent-ils vous réveiller de votre torpeur que l'habitude a installée dans votre vie et que vous entretenez au prix de votre bonheur ? Quant aux mauvaises odeurs, n'annoncent-elles pas ouvertement que vous ne vous « sentez » pas bien dans votre vie ou plus simplement que vous ne « sentez » pas ce nouveau client qui vient d'arriver ? Tout a un sens.

En faisant Ho'oponopono, cela n'entraîne pas seulement l'acceptation des événements, vient aussi l'acceptation de votre magnifique pouvoir créateur, celui qui vous a permis d'élaborer un environnement propice à votre évolution. De cette manière, il est plus facile de vous remercier d'être intervenu pour vous ouvrir à de nouvelles perspectives. Le nettoyage des sentiments de culpabilité et de colère qui vous sont arrivés en ce lieu vous donne l'opportunité d'accéder à un nouveau regard sur votre vie et de laisser la place aux meilleures solutions. Cela pourra être d'aménager un espace différemment, peut-être dans une autre ville – de toutes les façons, ce sera pour continuer d'y faire votre évolution.

Attraction et Ho'oponopono

Du feng shui au pouvoir d'attraction, il n'y a qu'un pas mystique à franchir. Ce mode de fonctionnement est une sorte de loi universelle incontournable. Pour vous résumer le principe de la loi d'attraction, constatez seulement que les comportements agressifs attirent la violence, les gestes d'amour attirent la compassion, c'est une expérience que chacun d'entre vous a déjà vécue, en récoltant ce qu'il avait semé.

Lorsque vous comprenez que l'environnement est une émanation de votre personne et que l'énergie qi qui circule dans tout l'Univers peut revêtir des aspects aussi négatifs que positifs en fonction de ce qu'elle rencontre, il est facile d'imaginer l'impact que l'un peut avoir sur l'autre.

La qualité de l'énergie qui règne dans votre maison dépend de son orientation et de l'environnement extérieur, qu'il soit naturel ou artificiel (montagnes, rivières, immeubles, routes). Quand une maison reçoit des énergies néfastes, il est nécessaire de contrecarrer ce flot en jouant avec l'aménagement de votre intérieur. Rendre son domicile aussi douillet qu'un nid protecteur pour toute votre famille est un des remèdes. Ainsi, vous transformez l'énergie négative en une onde bienfaisante pour tous ceux qui partagent la maison. L'autre aspect, et non des moindres, c'est qu'une fois cette énergie transformée positivement, il s'exerce une transformation qui amène le lieu à changer de niveau vibratoire. Lorsque cela se produit, les énergies néfastes qui entourent la maison sont appelées vers d'autres cieux, laissant le champ libre aux ondes bénéfiques.

Plus concrètement, quand les habitants d'un lieu décident de revoir leur aménagement en fonction des principes du feng shui parce qu'ils souhaitent la réalisation de leurs projets, quand ils optimisent ce lieu pour concrétiser leurs rêves, les objectifs sont rapidement atteints.

L'observation m'a permis de comprendre qu'il y avait un changement qui s'opérait sur le mode de pensée des habitants. La cause principale de cette métamorphose est due à la bonne circulation de l'énergie dans la maison. Ceci peut correspondre à la circulation des habitants qui est facilitée dans le lieu, car aucun obstacle ne vient gêner, par exemple, l'accès à leur table de travail. La maison « glisse », aucun désordre ne permet à l'énergie de stagner et de perdre en qualité, les placards et la cave sont occupés par ce qui est nécessaire, les objets inutiles ayant disparu dans les vide-greniers et les déchetteries, laissant la place aux futurs gains matériels. Les tableaux et les bibelots qui composent la décoration sont des évocations positives et valorisantes pour tous ceux qui vivent dans ce lieu. Ainsi, ils voient leur optimisme grandir, la confiance s'installer et les opportunités se produire. Ils attirent à eux la chance et le succès de leur entreprise est acquis. Le phénomène d'attraction s'est mis en place.

Quelquefois aussi, les changements sont tellement subtils que les personnes ne peuvent les percevoir, elles se mettent à perdre patience puis à douter du bien-fondé de leur projet. Les idées noires se forment, l'attention est détournée vers des occupations que l'on estime plus adaptées à son état émotionnel du moment. Certains se plongent dans les jeux vidéos pour passer le temps, d'autres entament la totale réfection du garage pour se sentir utiles, d'autres encore décident de nettoyer la maison du sol au plafond chaque jour de la semaine pour éviter de culpabiliser. Du coup, ils laissent traîner ça et là des documents nécessaires à la continuité de leur projet mais qui seront réglés plus tard, c'est-à-dire le jour où cela deviendra une urgence.

Le doute laisse alors la place à la dévalorisation, les projets se retrouvent sous la pile de linge à repasser et des bouquins à trier. « *Pas question de reparler de ça, cette idée était idiote et moi je suis complètement nul d'y avoir cru.* » La loi d'attraction agit toujours, mais la notion de « bien » ou de « mal » lui échappant totalement, elle attire à votre maison ce que vous envoyez et dans ce cas, ce n'est pas le meilleur, vous l'avez compris.

Pour les énergies ou le qi, c'est la même chose. Les lieux stagnants captent les énergies stagnantes, les murs qui ont vu des drames s'accomplir attirent les énergies dites perverses. Rompre le cercle vicieux qui s'est installé devient nécessaire, et c'est en changeant le niveau énergétique du lieu qu'il devient possible de faire venir un qi bienfaisant. Il en va de même quand vous rompez avec les habitudes émotionnelles négatives. Dès que vous décrochez du rôle dévalorisant de victime, vous entrez dans une dynamique où tout devient possible. Faites de la place à l'abondance et à la prospérité dans votre maison et dans votre vie.

Comme il est expliqué dans le principe de la loi d'attraction, l'aspect émotionnel est très important. Les sentiments négatifs qui vous submergent attirent d'autres émotions négatives, pour provoquer des situations de plus en plus déplaisantes. Vous avez beau savoir que ce n'est pas à vos émotions de vous guider, vous tombez régulièrement dans le panneau. Heureusement, Ho'oponopono est là pour vous tirer d'affaire en vous rendant les rênes de votre vie.

Quand les émotions ont pris le pas sur votre quotidien et que vous êtes empêtré dans leur filet, un bon nettoyage est de rigueur, de la maison au mental.

Quand vous pensez que ce monde est injuste, que votre mari ou votre femme a tort et que votre patron est complètement irrationnel, ce n'est plus vous qui gérez votre vie mais bien vos peurs, vos craintes et vos doutes. Les croyances erronées qu'ils font ressurgir peuvent être effacées et, avec Ho'oponopono, chaque situation difficile est prétexte à un nettoyage : « *Pardon, je suis désolé d'avoir créé ce doute, je ne savais pas que j'avais cela en moi... merci, merci de l'avoir fait surgir pour que je puisse nettoyer... je t'aime, toi qui m'as fait douter... je m'aime, moi, d'avoir pointé du doigt cette croyance pour la nettoyer définitivement.* »

La formule : « *Merci, je t'aime* » suffit amplement à sa dissolution complète et, en cas de doute sur le nettoyage, il suffit de la répéter jusqu'à ce que cette émotion négative laisse place au bon sens, celui qui voit au-delà de toute peur, celui qui a le regard de l'amour.

Toutes ces émotions qui génèrent plus de difficultés que de solutions peuvent être balayées d'une seule phrase. Vous retrouvez la meilleure des énergies, attirant par la même occasion la meilleure des solutions. C'est un outil incontournable pour rendre efficace et positive cette loi d'attraction universelle. Je ne peux que conseiller son usage, car il rend accessible à tout un chacun l'énorme potentiel qui réside dans ce monde. C'est un complément indispensable à la réalisation de vos projets et de vos rêves, une clé qui vous ouvre à l'Univers des possibles. Et comme je l'ai déjà suggéré plus haut, l'Univers est vraiment grand, alors imaginez un peu la taille des possibles !

Attraction, mode d'emploi

Pour utiliser de façon optimale la loi d'attraction, il est nécessaire de comprendre que celle-ci ne fait pas de distinction entre le « bien » et le « mal ». Elle agit tout le temps, peu importent la personne, le lieu, le type de pensée. Le meilleur moyen d'attirer des événements positifs grâce à ce phénomène quantique est d'émettre en permanence des pensées positives. Ce qui, *a priori*, n'est pas encore envisageable pour la majorité des gens qui vivent sur cette planète.

L'outil Ho'oponopono vient à point dans cette redécouverte de notre potentiel créateur. Il permet de nettoyer les pensées négatives qui ne sont rien d'autre que des mémoires erronées. Cela agit comme une douche d'amour, où il n'y a qu'à dire *« pardon, merci, je t'aime »* pour actionner le robinet. Une fois nettoyées, ces mémoires

sont dissoutes à jamais. La place est libre pour l'ouverture positive.
Le phénomène d'attraction se met en place rapidement grâce aux connexions qui se font sur les idées positives. Plus il y a de nettoyage, plus la visualisation est claire. Vous pouvez entrer plus facilement dans une imagerie de réussite et de succès en pratiquant Ho'oponopono.
À chaque doute, nettoyez. À chaque peur, nettoyez. À chaque impatience, nettoyez. À chaque émotion négative, nettoyez.
Et tout comme vous avez confiance dans ce phénomène d'attraction, vous êtes alors sans attente en ce qui concerne la façon dont il apparaîtra.
Certains disent qu'il faut avoir la foi, d'autres qu'il faut avoir confiance en la vie, ici je vous dirai que la pratique de Ho'oponopono est avant tout d'être sans attente quand au résultat. Parce que la dernière chose dont vous ayez besoin de vous occuper, quand les problèmes vous submergent, c'est bien des détails du résultat.
Vous savez de quoi vous avez besoin. Vous avez besoin d'être dans l'abondance, pas de régler vos problèmes d'argent. Vous avez besoin de guérir, pas de trouver le remède miracle à cette maladie. Vous avez besoin de partager votre vie avec l'âme sœur, pas de vivre avec une créature de mode. Vous avez besoin d'un travail dans vos compétences, pas de « ce poste » que vous avez vu dans les petites annonces.

Vous émettez une demande positive, vous visualisez le film de votre rêve réalisé et réussi, tout en nettoyant vos craintes au fur et à mesure des jours qui s'écoulent depuis votre demande. Et surtout, laissez faire la vie. Tout arrivera à point nommé, de la meilleure façon qui soit pour vous.

Ho'oponopono résonne en chacun

Pour compléter mon exposé sur la loi d'attraction, je vous emmène plus loin dans le monde du subtil, là où beaucoup d'entre vous devinent qu'il y a la réponse à nombre de leurs questions.

Parce que vous et moi sommes faits de chair et de sang, il est facile de renier la partie qui pense et réfléchit en chacun. Mes idées ne sont pas contenues dans un organe, elles semblent plutôt venir de quelque part là-haut, en dehors de ma tête. Je n'ai pas besoin de passer un IRM pour comprendre que mon cerveau est un récepteur. Il emmagasine des données et c'est sous forme électrochimique qu'elles vont ensuite se répandre dans mon organisme.

Forte de ce constat, j'ai aussi envisagé la possibilité que, comme dans le feng shui, les informations puissent être de plus ou moins bonne qualité, selon l'état des personnes qui les ont envoyées. J'ai bien dit « l'état » émotionnel et non la personne en elle-même. Nous sommes tous semblables au niveau de notre constitution, les problèmes de santé et les expériences viennent faire la différence au niveau physique, ce qui ne vous rend pas meilleur ni moins bon qu'un autre.

Les émotions ont la capacité de provoquer la joie ou de faire ressurgir des croyances dites erronées et de vous mettre dans des états d'angoisse. C'est là que vos pensées peuvent devenir un problème pour les autres. Vous disposez d'un radar qui vous permet de détecter les « idées de l'air du temps » et de vous mettre au diapason avec celui ou celle que vous avez en face de vous. L'attitude corporelle est aussi un moyen de communiquer mais, plus subtilement, nous percevons l'énergie qui émane de la personne. La sécrétion de phéromones semble donner une réponse satisfaisante aux scientifiques sur ce phénomène. Seulement, cette sécrétion hormonale est déclenchée parce que l'organisme lui en a donné l'ordre ; je me pose donc la question de savoir qui a donné cet ordre. Plus on remonte en amont du processus, plus on se dit qu'il y a bien une pensée qui a déclenché tout ce mécanisme.

Nous avons tous fait l'expérience de ressentir quelque chose de dérangeant uniquement en parlant avec un inconnu, le sixième sens nous indiquant la plus grande prudence envers une personne ou, à l'inverse, une amitié voyait le jour en une seconde.

L'énergie qui émane de vos pensées est bel et bien ressentie par chacun, tel un phénomène amplifié, quand vous êtes aux prises avec une émotion forte comme la colère et qui vous fait rencontrer uniquement des personnes agressives.

Comme exemple, je prendrai le comportement au volant, la voiture étant le lieu le plus extraordinairement exposé aux émotions de tous ordres. N'avez-vous pas remarqué que plus celui qui vous précède vous agace, plus vous êtes sujet aux coups de klaxons de celui qui vous suit. Plus vous avez peur de doubler, plus il y a de voitures qui arrivent en face. Plus vous pestez sur celui qui vient de piler devant vous, plus vous recevez d'injures du motocycliste qui tente de vous doubler.

À l'inverse, quand vous chantez, le cœur en fête, votre air préféré qui passe à la radio, plus la route semble légère, plus les automobilistes deviennent cordiaux et tous les feux se mettent à passer au vert quand vous arrivez à leur niveau. De la chance ? Peut-être. De la « résonance », c'est plutôt comme ça que vous pouvez l'envisager.

Votre état émotionnel est votre état vibratoire.
Vos vibrations donnent naissance à ces fameux miroirs,
les autres. Et leur réaction n'est rien d'autre que l'écho
de votre état intérieur.

Je le dis encore une fois, rien de tel qu'un bon nettoyage des émotions négatives pour vous mettre au diapason avec la vraie vie. Vous rencontrerez de plus en plus de personnes attentionnées qui résonnent à votre fréquence en vous mettant en mode Ho'oponopono. C'est ainsi que la loi d'attraction fonctionne, vous attirez ce que vous émanez, alors vibrez de tout ce qu'il y a de meilleur en vous.

Comment changer le monde

Après la lecture de ce livre, vous pourriez avoir une idée sur la réponse. Je vous donne une piste, ça commence par « en vous » et ça finit par « changeant vous ». Voilà la solution à ce rébus : *changez le monde, en vous changeant vous !*

Je pourrais aussi vous dire que c'est en changeant votre regard sur le monde que vous le changerez, seulement cela ne suffit pas. La vision que vous portez sur la vie, la société, les gens, la Bourse et la mode, cette vision vous est propre et unique. C'est quelque chose qui dépend de votre éducation et de votre personnalité. Les pratiques spirituelles vous permettent d'atteindre la compassion et la tolérance, ce qui est un formidable moyen de changer votre regard sur les autres, mais il reste toujours un petit quelque chose qui perturbe. Il se pourrait même que ce petit grain de sable, ce soit le jugement.

Changez le monde, en vous changeant vous !

Et oui ! Je te juge, tu me juges, vous vous jugez tout le temps. Et pas forcément consciemment, ce sont des pensées fugaces qui apparaissent et disparaissent aussi rapidement qu'elles sont nées.

Morceaux choisis de pensées qui jugent

« Je la préfère dans sa robe noire, ça lui va mieux. »
« Cette coupe de cheveux ! C'est affreux ce que lui a fait le coiffeur. »
« Pourquoi est-ce qu'il n'avance pas, celui-là ? »
« Encore des haricots verts, on en a eu déjà hier soir ! »
« Ce type me sort par les yeux. Qu'est-ce qu'il fait encore à la télé ? »

Ces petites épines qui sortent de votre mental sont aussi douces que les caresses d'un gant de crin sur le cuir de votre canapé neuf. Elles laissent des traces qui marquent le canapé et rappellent ce douloureux moment à celui qui s'assoit dessus. Le canapé, ce sont vos relations aux autres, les marques sont les traces de votre jugement envers eux. Impossible de faire marche arrière, les excuses ne suffisent pas, il y a comme un blocage. Vous comprenez que cela ait vexé la personne, vous en êtes sincèrement navré, d'ailleurs, mais c'est parti tout seul.

Comment sortir de ce cercle infernal où vos pensées les plus acerbes et les plus indélicates se sont installées. Vous pouvez toujours demander à votre entourage de se mettre sur votre mode de réflexion, en l'informant sur vos exigences. Et même avec la meilleure volonté du monde, il y aurait des années et des années de travail pour comprendre toutes les subtiles connexions qui se font en vous, face aux mille milliards d'événements que la vie peut proposer. Même le plus puissant ordinateur ne peut compiler toutes ces possibilités de réactions que vous pouvez avoir durant une vie. Mais admettons qu'un ordinateur réalise cette prouesse, il faudrait ensuite que cette compréhension soit assimilée par les quelque sept milliards d'individus que vous êtes susceptible de croiser dans votre vie. Si je veux aller plus loin, il faudrait ensuite enregistrer les sept milliards de compositions auprès de chaque habitant de la Terre. Je suis persuadée que vous et moi disposons en nous de toutes les informations qui circulent dans l'Univers. Seulement aujourd'hui, le stade de l'évolution de l'humanité est encore éloigné de l'exploitation totale de ce pouvoir. Donc, pour le moment, ce type d'apprentissage est impossible à réaliser.

Aussi, je vous propose une méthode plus simple, qui exige un peu de temps mais que la vie allège au fur et à mesure de votre ouverture d'esprit. Cette technique consiste à être le changement que vous voulez voir dans ce monde, tels sont les mots que Gandhi a laissés à l'humanité.

Si vous souhaitez voir l'amour en ce monde, soyez amour. Si vous souhaitez voir la paix en ce monde, soyez en paix. Si vous souhaitez voir la joie en ce monde, soyez dans la joie. Cela peut sembler basique comme principe et de fait, ça l'est ! mais c'est efficace.

Pour en revenir au jugement, il y a bien sûr une solution pour s'éloigner de ce phénomène très embarrassant qui vous empêche de vivre dans l'amour, la paix et la joie. C'est *l'acceptation.*

Accepter l'inacceptable est la clé qui permet de laisser partir définitivement le jugement de votre vie. Là encore, c'est autre chose que la soumission aux événements. Car la soumission, c'est l'inaction, et comme la vie est mouvement, vous avez tout intérêt à agir pour être en accord avec elle. L'acceptation consiste à entrer dans la paix plutôt que dans la colère ou le chagrin. C'est une façon de préserver son énergie au lieu de la laisser disparaître dans les affres de la dépression ou de la haine. Grâce à l'acceptation, vous pouvez garder la « tête froide » et obtenir des résultats prodigieux chez les autres.

Le jugement, c'est le caillou que j'ai eu dans ma chaussure pendant bien longtemps. Il revient, le bougre, dès que je vais errer dans le terrain vague de mon mental.

Il y a quelque temps j'ai pris conscience que l'absence de jugement pouvait être garante de la paix alors que l'inverse pouvait me provoquer une longue insomnie.

Lors d'une discussion en famille sur la nécessité d'avoir une armée pour défendre ses proches et son pays des nations ennemies, j'ai vu à quel point le mental pouvait dépasser la raison. Mon interlocuteur affirmait que la prise d'otages justifiait l'attaque mortelle de l'armée envers les agresseurs. C'était, selon lui, une action nécessaire à la tranquillité de notre pays. « *Notre armée devait nous défendre, les soldats ont pris le risque de se faire tuer pour nous.* » Il aurait souhaité être l'un de ces héros. Mais ces preneurs d'otage vivaient eux aussi une agression dans leur pays et c'était pour protéger leur famille et leur patrie qu'ils agissaient ainsi. Je n'arrivais pas à trouver les mots pour apaiser la discussion, trop préoccupée par l'idée qu'ôter la vie était pour moi tout à fait… inacceptable.

C'était une histoire de valeurs qui venait entraver cet échange. En fait, c'était surtout une affaire de jugement. Qui est bon, qui est mauvais ? Qui a tort ou raison ? Je n'ai toujours aucune réponse à donner. Je sais au plus profond de moi que chaque vie a sa raison d'être, qu'elle est précieuse et unique. Elle mérite le respect quelle que soit la forme qu'elle revêt. J'avais oublié ce soir-là d'entrer dans l'amour. Le conflit qui a jailli en moi a perturbé ma nuit, et au petit matin, j'ai compris que c'est en acceptant les opinions, aussi violentes soient-elles, que je pourrai accepter la part de moi qui a créé cette rencontre, ce miroir. J'ai en moi quelque part, bien enfouie, une peur de l'autre qui pourrait peut-être m'amener à tuer. C'est aussi dur à écrire qu'à aimer, je vous l'assure.

Dans ce cas, acceptation et absence de jugement sont les seuls credo à composer. Autrement, c'est l'ego qui prend le dessus et vous fâche à tout jamais avec celui qui a porté le message. En dénigrant l'autre, vous agissez de manière à vous « protéger », à vous empêcher de voir et d'accepter la part d'ombre qui est en vous. Cette petite sensation de sécurité que vous procure le rejet de l'autre est en fait illusoire, car un malaise subsiste toujours à l'évocation de cette personne. Une croyance erronée vient de naître : « *J'ai un meilleur jugement que lui.* »

Pour faciliter le passage vers l'acceptation, la formule : « *Pardon, merci, je t'aime* » ne m'a jamais aussi bien servi que cette nuit-là. Entrer dans la confiance en la vie, c'est aussi avoir confiance dans les choix des autres, accepter qu'ils ne soient ni mieux, ni pires que les miens, ils leur appartiennent et c'est ainsi que j'aime ces personnes.

Le second effet est l'acceptation de soi, de sa responsabilité dans les événements, même les moins glorieux. L'absence de jugement permet d'y parvenir.

En fait, le meilleur moment a été quand je m'envoyais de l'amour, un amour inconditionnel qui rayonnait jusqu'à celui qui m'avait permis d'atteindre cette bénédiction.

Dire merci

Quand la voisine vous offre les fleurs de son jardin, que votre fils vous embrasse tendrement du haut de ses 18 ans, que les commerçants vous font cadeau de quelques centimes d'euros sur vos achats, que votre voiture démarre du premier coup par -10 °C, que votre patron vous donne votre après-midi, que les douleurs s'estompent pendant votre sieste, c'est peut-être le signe que vous entrez dans un nouveau mouvement. Vous êtes sur le chemin de la sérénité. À petits pas tout d'abord, puis les foulées deviennent longues et souples, vous pénétrez dans le grand marathon de la vie. Pendant des kilomètres et des kilomètres, vous allez découvrir vos capacités, celles auxquelles vous ne croyiez plus vont se dévoiler, révélant leur étonnant pouvoir d'endurance et de dépassement. C'est un moment divin où vous découvrez que les limites n'existent pas.

J'avoue que je suis toujours stupéfaite de voir cette réserve de capacités qui réside en chacun de nous. Cette abondance est partout. Autant dans ce corps que l'on croit connaître et qui surprend toujours par ses guérisons inespérées, que dans la boîte aux lettres où vient se loger le chèque de remboursement qui vous évitera le découvert ce mois-ci. Il est possible d'aller encore plus loin en vibrant de tout l'amour, de toute la gratitude envers les petites choses inattendues de la vie. Plus vous remerciez d'avoir et d'être ainsi comblé, plus l'abondance vous nourrit. Plus vous aimez la vie, plus elle vous retourne cet amour. Parfois, je me dis que c'est presque trop. C'est tellement beau que la timidité me prend et je ne sais plus où me mettre face à ces cadeaux.

Accueillir cette félicité à cœur ouvert a été pour moi une autre manière d'utiliser Ho'oponopono. J'ai appris à dire « Merci ». Merci à toutes les opportunités qui s'ouvrent à moi, merci à ce qui fait ma vie aujourd'hui et à tout ce qui l'a construite durant ces années. Je ressens cette gratitude comme une expression de mon Moi profond, dont je découvre l'énorme potentiel.

Je repense à toutes ces années où j'entendais les maîtres spirituels de toutes confessions parler de cet accomplissement dans le fait de remercier le Divin. À cette époque, je n'arrivais pas à en cerner la véritable nécessité. C'était incompréhensible pour moi de dire « *Merci* » à quelque chose que je ne voyais pas, que je ressentais à peine et qui me faisait vivre autant d'épreuves.

Cette expérience un peu particulière que je vis avec la pratique de Ho'oponopono m'a permis de m'ouvrir à d'autres méthodes de développement personnel, d'accepter ma vraie nature, de mettre au grand jour mes talents, de découvrir des personnalités merveilleuses, de déclencher des projets et d'en réaliser beaucoup.

Quand je réalise tout cela, je n'ai d'autre choix que de remercier de tout cœur Dieu, l'Univers ou l'intention de m'avoir permis d'accomplir autant de rêves. Et c'est loin d'être terminé. J'ai l'impression d'être seulement aux balbutiements de ma réalisation, tellement il y a de puissance dans cette énergie créatrice.

« Merci ! »

Merci, merci à elle d'être là. Merci à ceux qui ont croisé ma route et m'ont permis de prendre conscience de son existence. Merci à tous les miroirs que sont les autres et qui sont une émanation de mon être inconscient. Merci à mon ego d'afficher ces mémoires erronées que j'efface avec amour. Merci à vous, lecteur, d'exister et de permettre que ce livre vive.

Comment vivre les moments de doute

Il y a parmi vous des personnes qui pratiquent Ho'oponopono depuis quelques semaines ou quelques mois et qui, malgré cela, continuent de recevoir de la vie de fortes décharges électriques. Ces clashs arrivent sans crier gare. Alors que vous marchez avec assurance sur le chemin de l'amour, d'un seul coup, vous voilà projeté sur une montagne de doute et de culpabilité.

Vous avez consciencieusement nettoyé le terrain vague qu'était votre esprit pour le transformer en jardin. Vous avez éliminé les mauvaises herbes que sont les émotions négatives pour faire de ce lieu un parc magnifique où les arbres de la sérénité grandissent, les parterres de fleurs de la bonté sont soigneusement entretenus et la pelouse de la tranquillité est impeccable. Alors, quand quelqu'un balance une pelure dans votre jardin, vous ne voyez plus que cet infâme détritus qui entache votre paradis. Cette vision focalise toute votre attention.

Après cette métaphore campagnarde, voici quelques pistes pour vous aider à mieux comprendre ce phénomène qui vous envoie de la culpabilité et d'autres émotions déplaisantes alors que vous nettoyez méticuleusement les mémoires erronées.

Peut-être est-ce parce que, depuis plusieurs semaines, vous êtes dans une vibration tellement plus légère que lorsque vous cédez aux anciennes habitudes et revenez sur la tonalité d'autrefois, la différence est si intense qu'il ne vous est plus possible de vivre dans cette « ancienne » vibration. Cela ne vous correspond plus. Vous êtes de plus en plus éloigné de ce système de pensée et, lorsqu'il réapparaît, son intrusion est si dysharmonieuse qu'il en devient insupportable.

Peut-être que, lorsque les vieux combats débarquent avec les bottes sales dans le décor cristallin que vous vous êtes construit, il vous est difficile de ne pas les reconnaître. Ils font tache dans votre vie. Il est impossible à votre ego de les camoufler derrière des rideaux de rancœur que vous avez pris soin de nettoyer depuis que vous faites Ho'oponopono. Ils sont tout de suite visibles, sans masque ni fioritures, ils viennent vous secouer alors que le calme régnait chez vous.

Peut-être aussi avez-vous oublié à quel point votre vie était chaotique avant ce grand nettoyage ?

Imaginez que vous ayez passé toute votre vie dans une ville sans cesse pilonnée par les bombes et les attentats, et que la paix s'installe après un grand nettoyage. Vous venez de trouver la clé pour rendre votre vie de plus en plus harmonieuse grâce à Ho'oponopono, vous vivez enfin dans la cité de la paix. Seulement, il reste quelques renégats cachés dans les passages souterrains. Ils étaient invisibles pendant les pilonnages du passé, mais les voilà à découvert dès qu'ils balancent une grenade dans votre rue.

La surprise et la peur qui s'ensuivent sont justifiées. Seulement, vous avez tout intérêt à continuer le nettoyage pour que l'amour gagne les sous-sols de votre vie. Autrement, le chaos émotionnel pourrait de nouveau vous gagner.

C'est ainsi que vous pouvez appréhender la pratique de Ho'oponopono. Le nettoyage se fait tout d'abord en surface et la sensation de calme est de plus en plus perceptible au fur et à mesure des nettoyages. Le grand « boum » qui survient alors que vous souriez à la vie de tout votre cœur est en fait de même intensité que les précédentes mémoires erronées que vous aviez nettoyées. Seulement, dans le paysage si paisible qu'est devenue votre vie, ce « boum » paraît aussi énorme que l'explosion d'une bombe atomique. Jusqu'à présent, vous ne l'aviez pas remarqué car il était lancé au milieu des balles perdues qui pilonnaient votre ville.

Lorsque je regarde les personnes autour de moi, qui vivent toujours dans ce chaos émotionnel, je me lance le défi de nettoyer l'image qu'elles me renvoient jusqu'à atteindre une paix intérieure tout en les regardant vivre. J'entre en communion avec ce désordre que j'ai, moi aussi, vécu pendant des années. Je me réconcilie avec lui au travers de ces personnes, et je leur envoie tout l'amour qu'elles méritent pour me permettre d'aimer ce que j'ai été et ce qu'elles sont aujourd'hui. L'absence de jugement, l'acceptation et le fait d'être sans attente sont devenus incontournables pour atteindre cette paix. C'est aussi ça, Ho'oponopono, la reconnexion dans l'amour de tout ce qui vous a nourri et vous a permis de devenir ce que vous êtes aujourd'hui.

Ho'oponopono au quotidien

Ce qui me plaît dans cette pratique de Ho'oponopono, c'est qu'elle s'intègre dans tous les modes de vie. Que vous soyez croyant, athée ou en recherche personnelle, cet outil a son utilité quand vous souhaitez évoluer.

Parce que l'être humain a besoin de comprendre d'où il vient, ce qu'il est et pourquoi il est ici. Il y a, en chacun, une question qui a besoin d'une réponse. La recherche de sens est un moteur puissant qui donne des ailes à la vie. Son intensité varie uniquement en fonction de la volonté individuelle. À chacun de décider de la place qu'il veut lui laisser, sachant bien sûr que ce moteur est empli d'énergie positive et illimitée.

Pourquoi est-il aussi puissant ? Eh bien tout simplement parce que ce Moi profond qui est là, vrombissant de joie à l'idée de vous faire découvrir la magie de la vie, ce moteur donc, est branché sur le réservoir illimité de l'Univers, avec une abondance de carburant qui est l'amour.

Et quel est cet amour ? C'est ce grand flux qui traverse l'Univers et que certains ressentent comme étant le pouvoir de Dieu. D'autres le nomment le pouvoir de l'intention ou encore le qi. Ce que je peux vous dire, c'est qu'il est partout et que c'est lui qui vous relie à l'Univers. Aussi, comme chacun d'entre vous sur cette planète est connecté à l'Univers, cela signifie que vous et moi sommes reliés. Cette union n'est pas métaphorique, elle est là, impalpable et pourtant si présente. Vous savez que les ondes des satellites sont envoyées sur toute la surface de la Terre pour que vous puissiez vous connecter les uns aux autres. Alors, considérez que vous êtes une antenne relais. Vous disposez de cette puissance inépuisable qui vous est envoyée par tous les satellites de l'Univers et vous pouvez la transmettre.

Comment transmettre l'amour ? C'est assez simple, en fait, en vous reliant à la puce qui sert de connexion avec l'Univers. La puce c'est votre Moi profond, votre Divinité intérieure, et le code d'accès, c'est : *« Désolé, pardon, merci, je t'aime. »* Ensuite, vous laissez faire l'Univers, Dieu, l'intention. C'est tout.

La chose qui est assez incroyable avec Ho'oponopono, c'est que cette pratique ne remplace aucune démarche d'évolution, elle fait beaucoup mieux que cela, elle accompagne toutes les techniques qui vont dans ce sens.

Par exemple, quand vous utilisez des outils comme la méditation, le yoga, le qi gong, dont la fonction est d'apporter le calme en vous et que vous sentez votre mental partir à la dérive, Ho'oponopono permet de retourner à cette concentration intérieure qui vous apporte la paix. *« Désolé, pardon, merci, je t'aime. »* Cela vous aide à vous « rassembler » quand votre ego se trouve trop d'excuses pour ne pas se plonger dans la méditation.

Un autre point intéressant est que vous n'avez besoin de personne pour faire Ho'oponopono. Aucun gourou, thérapeute ou prêtre ne peut le faire à votre place. C'est l'autonomie de la pensée qui est mise en avant avec cette méthode. Chaque fois qu'un conflit surgit face à vous, c'est vous qui décidez de nettoyer ou de ne pas nettoyer l'événement. Personne n'intervient ni ne décide à votre place. Vous êtes le seul acteur.

En fait, c'est un élément qui m'a tout de suite interpellée dans cette pratique. J'ai été séduite par l'idée de ne rien avoir à demander à personne pour sortir de la culpabilité, de la jalousie, de la peur, de la cupidité... juste à être en phase avec moi-même.

L'autre notion qui m'a donné envie de dire « *Désolé, pardon, merci, je t'aime* » à la vie, c'est celle de ma responsabilité dans les événements, ou plutôt de ma participation créative à leur élaboration. Je n'avais plus à en vouloir à qui que ce soit, je devais simplement regarder les faits pour ce qu'ils sont : des messages personnels pour évoluer. C'est un gain d'énergie formidable. Imaginez toute cette dépense à être dans la rancœur, la colère et la tristesse. Plus de fatigue inutile, plus de contrariétés qui durent des jours et des mois, quel gain de temps !

Au fur et mesure des mois et des années de pratique Ho'oponopono, je fais de nouvelles découvertes. Parce que ce nettoyage des mémoires erronées, ce vide qui se crée au profit de l'inspiration, tout cela fait place aux synchronicités : ces choses qui arrivent à vous au moment opportun parce que votre inconscient a permis leur existence dans votre entourage. Vous savez qu'il n'y a plus de place au hasard quand vous arrivez à ce niveau de compréhension. Tout devient message.

Du livre que vous venez de choisir à la conversation avec un inconnu dans les rayons du supermarché, en passant par le mail qui vous donne une idée dans l'écriture de votre prochain article, c'est un mouvement en perpétuelle activité. Il est là, devant vous, faisant signe que l'abondance est en effet à portée de vos mains.

Cette abondance est transportée par le flux de l'Univers, ou le pouvoir de Dieu, ou cette énergie divine dont vous devinez le véritable nom, n'est-ce pas ? Eh oui, c'est bien cela : l'abondance voyage sur les ailes de l'amour !

Ho'oponopono et vous

Nathalie Bodin

Chère lectrice, cher lecteur, vous aurez certainement compris que la pratique de Ho'oponopono est un art de vivre qu'il convient d'essayer pour comprendre sa véritable teneur. Aussi, je vous invite à entrer dans sa pratique au moment qui vous semblera le plus opportun.

La formule « *Désolé, pardon, merci, je t'aime* » est une base que vous pouvez agrémenter selon votre humeur. Il n'y a aucune règle. Pour certains, « *Merci, je t'aime* » suffit amplement, d'autres, comme moi, improvisent pour donner plus d'impact à ce nettoyage. Le plus important, c'est de vous relier à votre puissance intérieure. C'est un pouvoir de création qui vit en permanence en vous-même, il n'y a qu'à l'appeler pour vous y connecter.

Cette connexion à l'amour est un retour à notre véritable nature. Et pour l'atteindre, il y a trois étapes qui peuvent aider à réaliser cette prouesse. La première est d'accomplir votre mission personnelle grâce au nettoyage des mémoires erronées comme l'a expliqué Jean Graciet. La seconde est l'acceptation de votre part d'ombre, c'est-à-dire la dualité qui caractérise les êtres humains et que Luc Bodin a développée dans ce livre. Et enfin, la troisième est d'être en gratitude envers cet Univers si parfait, ce qui est pour moi, Nathalie Bodin, une merveilleuse découverte avec Ho'oponopono.

Maintenant que vous avez en main quelques clés pour entrer en paix avec vous-même et mettre en avant tout votre potentiel, je vous laisse découvrir vos propres réponses aux questions que vous pourriez vous poser après la lecture cet ouvrage.

Et puisque vous arrivez à la dernière page, ne voyez pas cela comme une conclusion, considérez plutôt ce livre comme une préface à votre vie. Une sorte d'introduction dont vous rédigerez par vous-même les chapitres qui vont suivre.

J'espère simplement que ce *Grand livre de Ho'oponopono* vous aura donné le goût de l'aventure et qu'il vous guidera dans votre exploration de la vie.

Belle découverte à vous tous.

« Merci, je t'aime. »

Bibliographie

NB. Les ouvrages cités en notes de bas de page ne sont pas repris dans la bibliographie.

– Paul Brecher, *L'énergie vitale*, Taschen, coll. Découverte & Initiation, 2004.

– Rhonda Byrne, *Le secret*, Un monde différent, 2008.

– Olivier Clerc, *Le don du pardon*, Guy Trédaniel, 2010.

– Doriane Dab, *Du Big Bang à la Guérison*, Quintessence, 2003.

– Régis Dericquebourg, *Religions de guérison*, Éditions du Cerf, 1988.

– Larry Dossey, *Le surprenant pouvoir de la prière*, Guy Trédaniel, 1997.

– Wayne W. Dyer, *Le pouvoir de l'intention*, J'ai Lu, coll. « Aventure Secrète », 2006.

– Karen Farrington, *Atlas historique des religions et des croyances*, Succès du Livre, 2003.

– Paul Ferrini, *L'amour sans conditions*, Le Dauphin Blanc, 2006.

– Debbie Ford, *La part d'ombre du chercheur de lumière*, J'ai Lu, coll. « Aventure Secrète », 2010.

– Grace Gassette et Georges Barbarin, *Enseignement recueilli - La clé*, Astra, 1950.

– Jean-François Genevès, *Le référentiel de l'homme nouveau*, Auto-édition, 2000.

– Stephen Hawking, *L'Univers dans une coquille de noix*, Odile Jacob Sciences, 2001.

– Gerald Jampolsky, *N'enseignez que l'amour*, Vivez Soleil, 1983.

– Carl Gustav Jung, *La guérison psychologique*, Librairie de l'Université Georg et Cie, Genève, 1953.

– Carl Gustav Jung, *L'analyse des rêves*, Albin Michel, 2005.

– Jean-Noël Kerviel, *L'être humain et les énergies vibratoires*, Arka, 1997.

– Pamela Kribbe, *Messages de Jeshua*, Hélios, 2010.

– Georges Lakhovsky, *L'origine de la vie,* Nilsson, 1925.

– Lao-tseu, *Tao-tö king*, Folio, 2002.

– René de Lassus, *La communication efficace par la PNL*, Marabout, 2007.

– Maguy Lebrun, *Médecins du ciel, Médecins de la Terre,* Robert Laffont, 1987.

– Guy Londechamp, *L'homme vibratoire*, Amrita,1998.

– Marlo Morgan, *Messages des hommes vrais au monde mutant*, J'ai Lu, coll. « Aventure Secrète », 2004.

– Melvin Morse, *La divine connexion*, Le Jardin des Livres, 2002.

– Joseph Murphy, *La prière qui guérit*, Dangles, 2000.

– Sven Ortoli et Jean-Pierre Pharabod, *Le cantique des quantiques*, La Découverte/Poche, 2007.

– Louis Pauwels et Jacques Bergier, *Le matin des magiciens*, Folio, 1973.

– Rosette Poletti et Barbara Dobbs, *L'estime de soi*, Éditions Jouvence, 1998.

– Colette Portelance, *La guérison intérieure par l'acceptation et le lâcher-prise*, Jouvence, 2009.

– James Redfield, *L'expérience de la dixième prophétie*, Robert Laffont, 1999.

– Christian Tal Schaller, *L'univers des chamanes, le don de guérir est en chacun de nous...*, Testez, 2006.

– Cyril W. Smith et Simon Best, *L'homme électromagnétique*, Marco Pietteur Éditeur, 2003.

– Colin C. Tipping, *Le pouvoir du pardon radical*, Guy Trédaniel, 2011.

– Joe Vitale et Ihaleakala Hew Len, *Zéro limite*, Le Dauphin blanc, 2008.

Jean Graciet est praticien en PNL, en hypnose ericksonienne et spécialiste dans la recherche du sens des symptômes et des maladies. Il anime des conférences et des stages sur les thèmes de la relation, de l'évolution individuelle et de l'éveil des consciences. Depuis 2010, il se consacre principalement, en compagnie de son épouse Maria-Elisa Graciet-Hurtado, à la diffusion du message de "Ho'oponopono, un chemin vers la conscience", à travers des conférences, des stages, des cds audio et un jeu de cartes. Ses sites : **www.eveiletsante.fr** et **www.mercijetaime.fr**

Luc Bodin est docteur en médecine, spécialisé en médecines douces et diplômé en cancérologie clinique. Il est par ailleurs conseiller scientifique auprès de plusieurs revues de santé, et auteur de nombreux livres grand public dans ses domaines de compétences que sont le cancer, la maladie d'Alzheimer, la fibromyalgie, la fatigue chronique…
Luc Bodin organise aussi des stages où il enseigne les *soins énergétiques* qui sont ouverts à tous, sur Paris et dans le sud de la France. Ses sites :

www.stageslucbodin.com et **www.conseilslucbodin.com**

Ses derniers livres :

- *Ho'oponopono, le secret des guérisseurs hawaïens* (avec Maria-Elisa Hurtado-Graciet), Jouvence, 2011
- *EFT : Emotional Freedom Technique – mode d'emploi* (avec Maria-Elisa Hurtado-Graciet), Jouvence, 2011
- *Le guide de la médecine globale et intégrative*, Albin Michel, 2009

Nathalie Bodin est experte en feng shui, formée aux disciplines énergétiques et psycho-énergétiques. Elle est aussi rédactrice du *Journal A4*. Son domaine de prédilection est l'intuition comme outil d'aide au développement personnel. Son site :

www.vivreavechooponopono.com

© pace et © Beboy

Achevé d'imprimer le 23/07/2013
sur les presses de l'imprimerie Nørhaven

Dépôt légal : 03/2012
Imprimé au Danemark

Ce livre est imprimé par Nørhaven, qui possède une certification environnementale qui assure une stricte application des règles concernant l'utilisation de papiers issus de forêts exploitées en gestion durable, et d'encres à base d'huiles végétales et d'eau, le recyclage et le traitement systématique des déchets, la réduction des besoins énergétiques et le recours aux énergies renouvelables.